Grenzenlose Sinne

Stefan Brönnle

GRENZENLOSE SINNE

INTUITION · EMPATHIE · HELLSEHEN

Das Grundlagen-

und Arbeitsbuch zur

Fernwahrnehmung

Stefan Brönnle
Grenzenlose Sinne
Intuition · Empathie · Hellsehen
Das Grundlagen- und Arbeitsbuch zur Fernwahrnehmung

1. Auflage 2008

Titelseite:
Foto: FotoSearch
Gestaltung: Dragon Design, GB

Satz und Grafiken:
Dragon Design, GB
Gesetzt aus der Rotis Serif

Gesamtherstellung: L.E.G.O. S.p.A., Lavis (TN)

Printed in Italy

ISBN 978-3-89060-269-1

Neue Erde GmbH
Cecilienstr. 29 · 66111 Saarbrücken · Deutschland · Planet Erde
www.neueerde.de

Für Sibylle, die mich neue Wirklichkeiten erleben ließ.
Und für Alisha, die mich beständig in ihre Wirklichkeit holt.

Inhalt

Einführung: Was ist Wirklichkeit? 9

Grundlagen der Wahrnehmung 16
Das Gehirn 16
Die Evolution des Gehirns 17
Die Hemisphärenspezialisierung 19
Unsere Wirklichkeits- und Wahrnehmungsebenen 22
Die Erschaffung von Wirklichkeit 25
Wahrnehmungsfilter 25
Warum ist das Kamel nicht grün? – Das Bindungsproblem 29
Wirklichkeitsbilder 32
Der Nachbau der Realität 33
Vorannahmen aus dem NLP 35

Die fünf Sinne 36
Unsere fünf Sinne – Eine Wahrnehmungsübung *36*
Jeder Mensch ist anders – Die Wahrnehmungstypen 37
Was Augen bei der Wahrnehmung machen 39
Exkurs – Freiraum schaffen 41
Die medialen Wahrnehmungszonen 44
Das mediale Sehen 47
Das mediale Hören 47
Das mediale Fühlen 48
Das mediale Wissen 50
Erste Übung zur Fernwahrnehmung *52*

Innere Bilder 55
Wie ein inneres Bild entsteht 55
Die Insel der Gegenwart 58
Über den Umgang mit inneren Bildern 61
Zweite Übung zur Fernwahrnehmung *70*

Dreh- und Angelpunkte 72
Die präattentive Aufmerksamkeit 72
Unsere Perspektive bestimmt die Wahrnehmung 75

Die Raumerkennung in der medialen Wahrnehmung 77
Dritte Übung zur Fernwahrnehmung *81*

Der Alpha- und Theta-Zustand 82
Techniken zur schnellen Aktivierung der Alpha- und Theta-Gehirnwellen 85
Die Ankerbildung 87
Der kontrollierte Traum als Wahrnehmungsinstrument 89
Vierte Übung zur Fernwahrnehmung *92*

Vertiefte Wahrnehmungstechniken 93
Traumdeutung 93
Die kinästhetische Primärbewegung 98
Automatisches Zeichnen 100
Der Rapport mit dem Wahrnehmungsobjekt 102
Die Trance 104
Fünfte Übung zur Fernwahrnehmung *106*

Wahrnehmungshaltungen 108
Sechste Übung zur Fernwahrnehmung *111*

Erdung – Mitte – Schutz 113
Die eigene Mitte 114
Die Verbindung der Felder 116
Die »Schildkröte« 119
Der heilende Laut 121
Verbindung von Himmel und Erde 122
Reinigung 124
Bewußtheit/Gewahrsein 125

Ausblick: Spezielle geomantische Wahrnehmungsbereiche 126
Radiästhesie 126
Das Ätherische 128

Weitere Wahrnehmungsobjekte für Fernwahrnehmungen *131*
Bibliographie *132*
Abbildungsnachweis *134*
Weiterführende Adressen *135*

Auflösungen der Fernwahrnehmungsübungen *137*

Wahrheit ist eine Halluzination,
auf die sich die Mehrheit verständigt hat.
Verfasser unbekannt

Einführung: Was ist Wirklichkeit?

Die Wahrheit ist nicht einfach gegeben.
Sie muß genommen werden.
Kay Hofmann

Dies ist ein Buch über Wahrnehmung. Warum leite ich es mit der Frage ein, was Wirklichkeit überhaupt ist?

In meinen Wahrnehmungskursen geben TeilnehmerInnen oft als Motivation für ihre Teilnahme an, auch »unsichtbare« Dinge wahrnehmen können zu wollen, ohne in Einbildung zu verfallen. Eben so, wie sie *wirklich* sind. Nun, wenn man diesem hehren Vorsatz Rechnung tragen will, muß man sich zwangsläufig fragen: »Was ist Wirklichkeit?«

Manch Naturwissenschaftler würde sicherlich z. B. Naturwesen für eine Absurdität und nicht für wirklich halten. Gleichzeitig ist er aber vielleicht ein fleißiger Kirchgänger und glaubt dem christlichen Glaubensbekenntnis entsprechend an die »Gemeinschaft der Heiligen«, der physisch toten Heiligen, müßte man hinzufügen: Folglich an nichtmaterielle Wesen. Beides – materielles und religiöses Weltbild – stellt eine Wirklichkeit dar und wird von vielen Menschen trotz logischer Unvereinbarkeit oft gleichzeitig gelebt. Andere wiederum schließen nichtphysische Realitäten kategorisch aus. Wirklichkeit steht für viele im Gegensatz zu Einbildung und Illusion. Wirklichkeit, so eine weitverbreitete Meinung, sei etwas, das unabhängig von unseren Vorstellungen, unabhängig von unseren Wünschen existiert. Der Raum hinter Ihnen ist doch auch da, obwohl Sie nicht hinsehen... oder?

Dieses Weltbild, Realität sei etwas Absolutes, etwas vom Individuum Unabhängiges, entspricht der etymologischen Herleitung der Begriffes »Realität«. Es kommt aus dem mittellateinischen »realis«, was so viel wie

»wesentlich« bedeutet und sich seinerseits von »res«, also »Sache, Wesen« herleitet. Realität ist so etwas Wesentliches und vor allem Objektives, also Objekthaftes, Gegenständliches (von Objekt = Gegenstand). Also etwas, das vom Subjekt unbeeinflußt ist. Aha! Da haben wir es also: Die Wirklichkeit dort draußen besteht unabhängig von meiner Wirklichkeit »hier drinnen«. Meine Gedanken, Wünsche, Vorstellungen sind subjektiv, die Realität ist objektiv.

Interessant ist aber, daß – obwohl ich die Begriffe »Wirklichkeit« und »Realität« scheinbar synonym verwendet habe – »Wirklichkeit« eine andere Wortbedeutung hat. Das Wort »Wirklichkeit« wurde erst im 13. Jahrhundert von Mystikern gebildet. Von Mystikern! Und es meint »im Wirken, durch das Handeln geschehend«, also etwas, das erst durch Taten, durch Handlungen entsteht, etwas, das *gebildet* wird!

Andre Newberg, Professor für Psychiatrie an der Universität in Pennsylvania betont, daß Personen, die nach einer tiefen mystischen Erfahrung in die »normale« Welt zurückkehren, jene Wirklichkeit als wirklichere, wahrere, grundlegendere Form von Wirklichkeit erleben würden als unsere materielle Realität. »Wir müssen«, so Newberg, »die Beziehung zwischen Bewußtsein und materieller Realität unbedingt genauer betrachten [...] ob das Bewußtsein selbst die Grundlage des Universums sein könnte.«

Das Bindeglied zwischen unserem Bewußtsein und der materiellen Realität (also der »Kanal unserer Wirklichkeit«) ist unsere *Wahrnehmung.* »Wahrheit«, das ist wieder so ein Wort, das uns im Alltagsgebrauch absolut erscheint. Es gibt nur *eine* Wahrheit... oder? »Wahrheit«, lateinisch »verus«, wird gebildet zum Wurzelnomen »wēr«, was »Zustimmung, Vertrag, Versprechen« bedeutet. Wahrheit ist eine Übereinkunft, ein gemeinsamer Vertrag: »Ja, wir stimmen zu: Dies soll unsere Wirklichkeit sein!« Erst die stillschweigende Übereinkunft unseres Bewußtseins läßt Wirklichkeit entstehen! Kay Hofman interpretiert so auch Wahrnehmung als Wahr-Nehmung: »Wahrheit ist nicht einfach gegeben. Sie muß genommen werden«.

Harter Tobak, gleich zu Beginn des Buches: Wirklichkeit besteht nicht einfach so unabhängig von unserer Wahrnehmung? Nein, sie entsteht erst *durch* unsere Wahrnehmung, durch eine innere Übereinkunft, bestimmte Dinge so oder so zu sehen. Der polnische Mikrobiologe Ludwik Fleck stellte folgende absonderliche Tatsache fest: Studenten, die zu Beginn ihres Studiums die ersten Schnitte durch ein Mikroskop betrachten sollen, können dies oft nicht. Sie können das, was da ist, nicht sehen! Umgekehrt sehen sie oft, was nicht da ist. Erst nach einer Weile des »Trainings« können alle Studenten auch sehen, was dort zu sehen ist. Sie müssen in diese gemeinsame »Übereinkunft« sozusagen erst hineinwachsen, einwilligen.

Etwas Ähnliches berichtete Charles Darwin von seinen Reisen: Die Eingeborenen einer Insel, vor der Darwin ankerte, konnten das Schiff im Wasser nicht sehen, die kleinen Landungsboote dagegen schon. Für ein so großes schwimmendes Objekt im Wasser herrschte keine »Wahrheit« (Übereinkunft).

Am stärksten naturwissenschaftlich nachgewiesen wird die Beeinflussung scheinbar äußerer Realitäten wohl in der Quantenphysik. Wie Werner Heisenberg es formulierte: »Jeder Beobachter beeinflußt das zu beobachtende System.« Elektronen können sowohl als konkretes Teilchen als auch als Welle, als »Wahrscheinlichkeitsfelder« betrachtet werden. Entschließt sich der Forscher dazu, nachzuprüfen, ob es sich bei einem Elektron oder Photon um eine »Welle« handelt, so zeigt es in der Tat keinen festen Aufenthaltsort, sondern existiert als Wahrscheinlichkeitsfeld. Möchte der Forscher das Gegenteil überprüfen, geschieht das Unglaubliche: Als »Teilchen« betrachtet, kollabiert das Wahrscheinlichkeitsfeld und wird zu einem festen Objekt, das an einem bestimmten Ort und zu einer bestimmten Zeit lokalisierbar ist. Die Absicht, der Wille des Beobachters, beeinflußt scheinbar »äußere« Realitäten. Ebenso verhält es sich bei der Heisenberg'schen Unschärferelation. Auf der Quantenebene der Wirklichkeit kann man die Geschwindigkeit eines Teilchens präzise messen, hat man sich aber dazu entschieden, so kann man keinen fixen Aufenthaltsort eines Teilchens definieren. Wenn Sie jedoch den Aufenthaltsort messen wollen, läßt sich die Geschwindigkeit nicht mehr bestimmen. Je nach Absicht des Beobachters »switcht« die Wirklichkeit zwischen zwei Zuständen hin und her.

Dies bedeutet: Wir sind keine unabhängigen Zeugen äußerer Realitäten, wir beeinflussen, ja erschaffen Wirklichkeiten. Nils Bohr, der

Gründer der sogenannten »Kopenhagener Schule« war der Ansicht, daß dieses »Es« (eine feste Realität) gar nicht existiert. Erst wenn sich ein Beobachter einschaltet, wird »Es« zum Teilchen oder zur Welle.

Wie war das? Der Raum hinter Ihnen existiert auch, wenn Sie nicht hinsehen?

Für Emanuel Kant war die letzte Realität nicht zu erfassen. Das »Ding an sich« wird immer durch unsere Bewußtseinszustände gefiltert wahrgenommen. Nun stellt sich aber die Frage, ob es ein »Ding an sich« überhaupt gibt.

Dieses Buch ist Bestandteil einer Buchreihe, die sich mit der Deutung des Ortes und seiner Wirkung auf den Menschen beschäftigt: der Geomantie. In der Geomantie begegnen wir ständig anderen Wirklichkeiten – Wirklichkeiten, die sich nicht oder nur sehr eingeschränkt meßtechnisch fassen lassen. Wir sind hier – wie selbstverständlich bei jeder anderen Wirklichkeitserfassung auch – auf uns selbst zurückgeworfen: Wir können unserer Wahrnehmung trauen oder sie beiseiteschieben – und einer andern trauen.

Unsere Wahrnehmung und unser Weltbild – das Bild, das wir uns von der Welt machen – hängen so unmittelbar zusammen, daß wir uns nur selten darüber Gedanken machen, wie unsere Wahrnehmung auch anders interpretiert werden kann. So stehen in der Geomantie oftmals die scheinbar unterschiedlichsten Wahrnehmungsmethoden einander gegenüber und buhlen um Akzeptanz: Radiästhesie, Imagination, Intuition, Hellsichtigkeit, Empathie, Anwendung biokybernetischer Apparaturen usw. All diese Zugänge zu anderen Wirklichkeitsebenen sind rückführbar auf wenige naturgegebene »Wahrnehmungsmechanismen« unseres Bewußtseins. In diesem Buch wollen wir uns diesen Grundlagen annähern. Ihr Verständnis versöhnt scheinbar unvereinbare Wahrnehmungsmethoden und die daraus folgenden Weltbilder miteinander, schult unsere Sinne und macht sie zu ausgebildeten Werkzeugen der Wirklichkeitserfassung – und hilft nicht zuletzt, allzu gewagte Interpretationen unserer Wahrnehmung zu vermeiden.

Meine Beschäftigung mit Wahrnehmungsvorgängen beruht nicht zuletzt auf der mich immer wieder herausfordernden Frage: »Was ist Wirklichkeit?« Ist Wirklichkeit tatsächlich etwas Festes, Einmaliges,

Unveränderbares? Gibt es gar mehrere Wirklichkeiten oder nur verschiedene Wirklichkeitsebenen? Oder ist Wirklichkeit an sich vielmehr etwas stetig Werdendes, das in jeder Sekunde unserer Existenz neu geboren wird? Obwohl derlei philosophische Fragen nicht weiter Inhalt dieses Buches sein sollen, werden sie dennoch als Basis meiner Fragestellung »Was ist Wahrnehmung und wie funktioniert sie?« immer wieder aus dem Dunkel emportauchen wie kleine Kobolde, die sich nur verstecken, um eben dadurch wahrgenommen zu werden.

Die Wahrnehmung ist sozusagen unser Wirklichkeitskanal, unser Zugang, der uns mit dem (scheinbaren) Außen verbindet, unser Interpretationsinstrument. Ja, nicht zuletzt ist unsere Wahrnehmung unsere einzige Möglichkeit, uns über unsere Existenz an sich klar zu werden. Descartes formulierte: »Ich denke, also bin ich.«

Wenn ich hier die Vermessenheit haben darf, diesen Ausspruch zu interpretieren, so frage ich nach: »Woher weiß ich, daß ich denke?« In mir taucht eine Antwort aus den Tiefen meines Bewußtseins auf, die mir simpel und doch existenziell erscheint: »Weil ich *wahrnehme*, daß ich denke.« So ließe sich für mich der Satz abändern in: »Ich nehme wahr, daß ich denke – also bin ich.«

Aber ist dies wirklich die einzige Möglichkeit, mir über meine Existenz bewußtzuwerden? Werde ich meines Seins nicht ebenso bewußt über mein Fühlen, meine Emotionen und Reaktionen? Ist es daher nicht ebenso sinnvoll zu sagen: »Ich nehme wahr, daß ich fühle, also bin ich, ich nehme wahr, daß ich höre, also bin ich, ich nehme wahr, daß ich sehe, also bin ich« usw.? Ich meine daher in meiner philosophischen Vermessenheit sogar formulieren zu können: »Ich nehme wahr, also bin ich!«

In den zurückliegenden Jahren bin ich als Leiter mehrerer Geomantieausbildungen immer wieder auf zwei grundlegende Haltungen bei Teilnehmerinnen und Teilnehmern gestoßen, die ich beide auf einer bestimmten Ebene für problematisch halte:

Der eine Typus glaubt seiner Wahrnehmung nicht. Er meint, daß alle Wahrnehmungen, die nicht unmittelbar physische Objekte betreffen, durch seine Einbildungskraft hervorgerufen sind. Meist kommt dann die Aussage: »Ich nehme nichts wahr!«

Doch jeder nimmt beständig wahr: Die taktilen Reize seiner Haut, dort, wo er den Boden berührt, er »hört« seine Gedanken, spürt die Lufttemperatur, riecht die Düfte in einem Raum. Warum also ist er der Meinung: »Ich nehme nichts wahr«? Weil meist all diese Wahrnehmungen, derer sich der Mensch durchaus bewußt ist, nicht in Bezug mit dem wahrzunehmenden Objekt gesetzt werden. Irgend etwas scheint ihn mit Vehemenz daran hindern zu wollen, diese doch so »alltäglichen« Wahrnehmungen in Beziehung zu etwas zu setzen, das nicht in unsere Alltagswirklichkeit paßt. Es handelt sich hier um eine sogenannte »Bindungsproblematik« oder einen »Bindungskonflikt« – die Schwierigkeit, verschiedene Wahrnehmungen zu einem einzigen Wirklichkeitsbild zu verschmelzen, das mit unserem Weltbild im Einklang ist.

Die andere Haltung ist dieser genau entgegengesetzt: Der Teilnehmer vertraut seiner Wahrnehmung und deren Interpretation so sehr, daß er wahrgenommene innere Bilder, von denen er meist regelrecht überschwemmt wird, für eine historische äußere Realität hält. Das innere Bild z. B. von Blut wird übertragen auf den Ort, von dem der Wahrnehmende dann felsenfest überzeugt ist, daß hier eine Gewalttat geschehen ist. Er übersieht dabei, daß insbesondere innere Bilder zum größten Teil symbolischer Natur sind.

Beide Einstellungen führen meines Erachtens in die Irre. Deshalb verwende ich in diesem Buch codierte Wahrnehmungsobjekte, mit denen Sie unbeeinflußt Ihre Wahrnehmung schulen und überprüfen können. Öffnen Sie die entsprechenden Auflösungen daher erst, wenn Sie die Übungen dazu absolviert haben. Sie berauben sich sonst einer wesentlichen Lernerfahrung!

Realität = aus dem mittellateinischen *realis* (wesentlich), abgeleitet von »res« (Sache), meint etwas Objektives, von mir Unabhängiges.

Wirklichkeit = »Im Wirken durch das Handeln geschehend«, meint etwas durch meine Mitwirkung Geschaffenes

Wahrheit = lat. *verus*, vom Wurzelnomen »wēr«, meint eine gemeinsame Übereinkunft (»Vertrag«), etwas in einer bestimmten Weise wahr-zunehmen.

Wahrnehmung = ein aktiver Vorgang, bei dem Einzelfragmente getrennt ins Bewußtsein gelangen und nach unserer vorherrschenden Wahrheit interpretiert werden.

Wirklichkeit entsteht durch Wahrnehmung.

Grundlagen der Wahrnehmung

Das Gehirn

> Wenn das Gehirn so einfach wäre, daß wir es verstehen könnten, wären wir so einfach, daß wir es nicht verstehen könnten.
>
> *Emerson Pugh Trost*

Unser Gehirn ist ein erstaunliches Organ. Es verarbeitet Daten weit über eintausend Mal schneller als der schnellste Supercomputer, den es derzeit auf Erden gibt. Es besteht aus etwa 100 Milliarden winziger Nervenzellen, den sogenannten Neuronen. Dies sind etwa so viele Neuronen wie es Sterne in unserer Galaxie gibt. Unser Gehirn ist eine eigene kleine Galaxie! Und jedes dieser Neuronen verbindet sich mit anderen Neuronen zu einem gigantischen Netzwerk: Jedes Neuron besitzt zwischen 1.000 und 10.000 Verknüpfungsstellen, sogenannte Synapsen. Insgesamt also etwa 60 Billionen! Allein ein Stück unserer Gehirnmasse in Sandkorngröße besitzt bereits 100.000 Neuronen und eine Milliarde Synapsen. So entsteht ein gigantisches Netzwerk, das einem einzigen Zweck dient: Die Wirklichkeit zu erschaffen, sie wahrzunehmen und darauf zu reagieren. Unermüdlich, vierundzwanzig Stunden am Tag, dreihundertundfünfundsechzig Tage im Jahr, unser ganzes Leben lang, arbeitet unser Gehirn. Dabei lernt es, verändert sich und bildet so immer neue Verbindungen, läßt alte absterben und schafft sich so beständig selbst.

Auch wenn ich hier über unseren »Denkmuskel« schwärme, möchte ich vorausschicken, daß für mich das Gehirn nicht die Ursache unseres Bewußtseins ist, sondern vielmehr sein Werkzeug. Spätestens innerhalb von sieben Lebensjahren sterben *alle* Zellen unseres Körpers ab und werden durch neue ersetzt, auch die des Gehirns. Dennoch erfahren wir uns als ein kontinuierliches Individuum mit Erinnerungen – obwohl die Zellen, in denen unsere Erinnerungen zunächst gespeichert wurden, längst nicht mehr existieren. Vermutlich erfüllt unser Gehirn in erster Linie Filterfunktionen, dient also dazu, unser Bewußtsein zu begrenzen, aber dazu später mehr... Betrachten wir zuerst einmal den Gesamtaufbau des Gehirns.

Die Evolution des Gehirns

> Neue Wahrnehmungsorgane entstehen, weil ein Bedarf nach ihnen besteht. Wenn du also Not leidest, dann verstärke deine Bedürfnisse.
>
> *Rumi*

Unser Gehirn baut sich in drei wesentlichen Zonen von innen nach außen auf: Im Innersten befindet sich das »Reptiliengehirn« (Stammhirn). Hier haben unsere Reflexe und Instinkte ihren Sitz. Da diese archaischen Reaktionen praktisch nicht durch die intellektuelle Tätigkeit der Großhirnrinde beeinflußt sind, kommt diesem Teil unseres Gehirns in der sogenannten außersinnlichen Wahrnehmung (ASW) ein großer Stellenwert zu. Unter ASW versteht man die Wahrnehmung von Wirklichkeiten, die nicht unmittelbar mit unseren fünf Sinnen zugänglich sind. Die Reflexe aus dem Reptiliengehirn sind meist sehr unverfälscht, aber leider oft auch wenig verständlich für uns. Ein Wirkzusammenhang dieser Art ist z. B. der Instinkt für Gefahr, den wir mit drei Reflexen beantworten können: Angreifen, Weglaufen oder Totstellen. Der Gehirnforscher Günter Haffelder konnte über seine Forschungen ermitteln, daß z. B. der Ausschlag einer Wünschelrute bei einem Rutengänger mit einem »Totstellreflex«, der vom Stammhirn ausgelöst wird, einhergeht.

Auf dieses Areal unseres Gehirns folgt das limbische System, in dem Gefühle und Stimmungen ebenso wie unser Ausdrucksverhalten ihre Wurzel haben. So wie wir das Stammhirn mit den Reptilien gemein haben, haben wir mit den Säugetieren das limbische System gemeinsam. »Wahrnehmungen« aus diesen Zonen unseres Gehirns werden für uns über die Gefühlsebene zunehmend verständlicher. Zum Beispiel

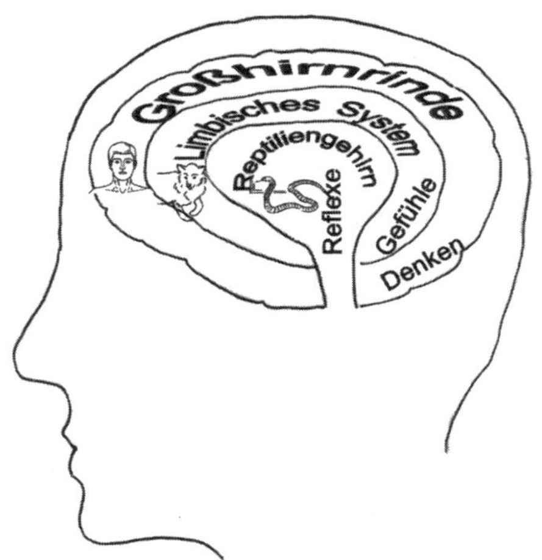

Abb. 1: Die drei Gehirnzonen und ihre evolutionäre Entwicklung: Das »Reptiliengehirn« ist für Reflexe und Instinkte zuständig, das limbische System bearbeitet Gefühle, Stimmungen und Ausdrucksverhalten, und die Großhirnrinde ist der Sitz unseres bewußten Erlebens, unseres Denkens und analytischen Verstandes.

erscheint uns ein Mensch, dem wir neu begegnen, bereist in den ersten Sekunden sympathisch oder unsympathisch. Mit diesem Hirnareal treten wir bei Methoden wie dem »Focusing« in Kontakt, die noch erklärt werden.

Der äußerste Teil unseres Gehirns schließlich ist die Großhirnrinde. Unsere Gemeinsamkeit mit höheren Säugetieren wie Primaten. Sie ist der eigentliche Sitz unseres Denkens und bewußten Erlebens. Hier sitzt die Fähigkeit zur Sprache ebenso wie unser mathematisch-analytisches Denken. Auch das Verstehen von Symbolen und symbolischen Erlebnissen in der erweiterten Wahrnehmung hat hier seine Wurzel.

In diesen drei Gehirnzonen tragen wir gleichsam die Evolution stetig mit uns: Das reflexhafte Verhalten der Reptilien, die Gefühle und Instinkte der Säugetiere und die Analytik des Menschen. So wunderbar und einleuchtend eine solche Einteilung sein mag, so zeigt doch das Leben, daß sie so eng nicht sein kann: Ein Mathematikstudent hatte einen Autounfall und starb an den Folgen seiner Verletzungen. Bei der Obduktion stellte sich heraus, daß er beinahe keine Großhirnrinde besaß. Jener Teil unseres Gehirns, der für Abstraktion und Analytik zuständig ist, beschränkte sich auf ein schmales Band aus Gehirnmasse, das am Schädel festklebte. Dennoch hatte der junge Mann ein normales Leben geführt und sogar Mathematik studiert.

Unsere drei Gehirnzonen sind:
- Das Reptilienhirn (Reflexe)
- Das limbische System (Gefühle)
- Die Großhirnrinde (Analytisches Denken)

Die Hemisphärenspezialisierung

Manche meinen
lechts und rinks
kann man nicht
velwechsern.
werch ein Illtum!
Ernst Jandl

Eine zweite wichtige Einteilung des Gehirns für das Verstehen von Wahrnehmungstechniken, wie sie in diesem Buch geschildert werden, ist die in die linke und rechte Gehirnhemisphäre. Unser Gehirn ähnelt in seinem formalen Bild einer Walnuß mit zwei Hälften, die durch das sogenannte *Corpus Callosum* verknüpft sind. Jeder dieser beiden Gehirnhälften kommt nun eine spezifische Aufgabe zu: Die linke Hälfte unseres Gehirns denkt eher deduktiv, rational, analytisch, abstrakt und linear-historisch. Es sucht die aufgenommenen Informationen vorwiegend auf sprachlich-begriffliche Ähnlichkeiten hin ab, es denkt »gerichtet«. Deshalb wird die linke Hemisphäre auch meist als »männliche Seite« bezeichnet.

Die rechte Gehirnhälfte dagegen arbeitet eher divergent, intuitiv, schöpferisch und metaphorisch. Es nimmt eher zeitlos, ganzheitlich wahr und ist subjektiv orientiert. Es verarbeitet eingehende Informationen im wesentlichen nach visuellen Ähnlichkeiten und ist räumlich orientiert.

Obwohl diese polare Teilung offenbar auch versuchstechnisch nachvollziehbar ist, darf man nicht vergessen, daß das Gehirn holographisch aufgebaut ist: Fallen Teile aus, können jederzeit andere Gehirnareale

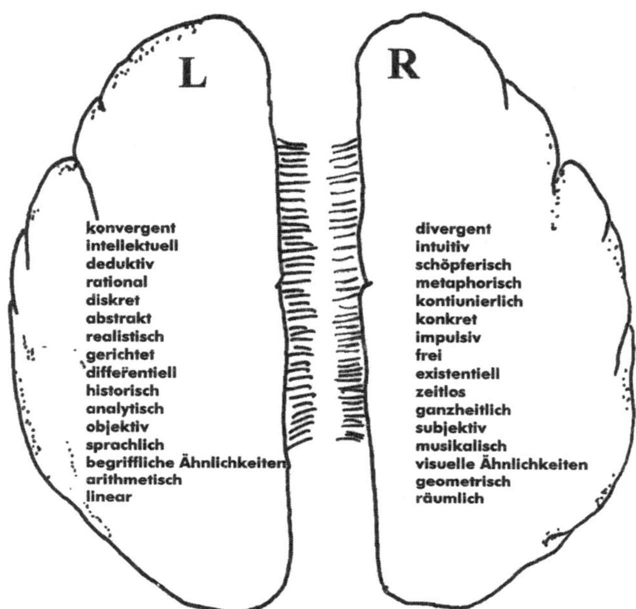

Abb. 2: Die Hemisphärenspezialisierung. Linke und rechte Gehirnhemisphäre haben unterschiedliche Aufgabenbereiche.

deren Funktion übernehmen, wie der Fall eines siebenjährigen Mädchens zeigt: Ärzte der Rotterdamer Universitätsklinik entdeckten bei einer Untersuchung, daß die linke Gehirnhälfte fehlte! Obwohl hier auch das Sprachzentrum sitzt, beherrschte das Mädchen gleich zwei Sprachen perfekt!

Die Gehirnhemisphären sind mit unserem Körper über Kreuz verknüpft, d. h. unser rechter Arm wird von der linken Gehirnhälfte gesteuert und umgekehrt. Auch die Wahrnehmungen des linken und rechten Gesichtsfeldes werden über Kreuz verarbeitet: All das, was sich rechts von uns befindet (wenn wir geradeaus sehen) wird folglich eher analytisch abgearbeitet, während das, was wir links vor uns sehen, eher intuitiv erfaßt wird. Der Sinn vieler architektonischer Besonderheiten (z. B. die ungleichen Türme der Kathedrale von Chartres) könnte so eine Erklärung finden. In unserem (meist unbewußten) Empfinden ist das, was sich im Raum rechts befindet, etwas anderes als das, was sich links befindet. Betreten wir einen Raum, so entfächert sich sozusagen vor uns eine bereits vorinterpretierte Wahrnehmungswelt. Dementsprechend richtet man im Drei-Türen-Bagua des Feng Shui das neunteilige Schema nach der Türe aus und orientiert sich damit stets auf den Betrachter, im Gegensatz zum »klassischen« Richtungs-Bagua, bei dem die realen Himmelsrichtungen zu Rate gezogen werden. Das Richtungs-Bagua ist archaischer: Aborigines kennen z. B. keine Worte für links und rechts, sie orientieren sich nicht individualitätsbezogen, sondern ganzheitlich. Sie sagen: Die Kuh ist westlich vom Pferd (nicht links oder rechts davon). Ein Versuch zeigte dies deutlich: Europäern und australischen Ureinwohnern wurden einige Figuren auf einem Tisch präsentiert, die in einer Reihe standen. Danach wurden die Figuren weggenommen. Die Versuchspersonen wurden nun auf die andere Seite des Tisches geführt und gebeten, die Figuren wieder in derselben Reihenfolge aufzustellen.

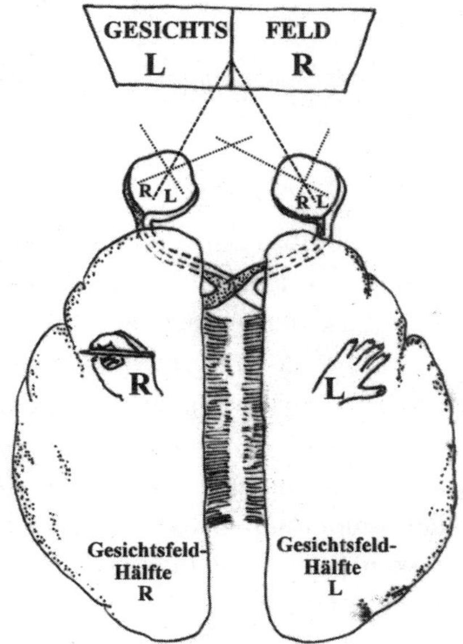

Abb. 3: Die Verschaltung des Körpers mit den Gehirnhemisphären: Die linke Hemisphäre steuert die rechte Körperseite, die rechte Hemisphäre steuert die linke Körperseite. Was sich rechts in unserem Gesichtsfeld befindet, wird in der linken Hemisphäre, was sich links in unserem Gesichtsfeld befindet in der rechten Hemisphäre abgearbeitet.

Die Europäer stellten die Figuren meist so wieder in der Reihenfolge auf, wie sie subjektiv gestanden hatten (also linke Figuren wieder links usw.) während die Aborigines die Figuren in Bezug zum Raum korrekt aufstellten. Dies bedeutet, daß unser Rechts-links-Empfinden in der oben geschilderten Form vermutlich eine kulturelle Prägung ist.

Unser Gehirn läßt sich unterteilen in die linke Hemisphäre (analytisch – abstrakt -rational) und die rechte Hemisphäre (intuitiv – metaphorisch – ganzheitlich).

Unsere körperliche Wahrnehmung ist mit den Hemisphären über Kreuz verschaltet.

Unsere Wirklichkeits- und Wahrnehmungsebenen

> Die wahre Entdeckungsreise besteht nicht in der Suche nach neuen Landen, sondern im Besitz neuer Augen.
>
> *Marcel Proust*

Unser Gehirn arbeitet seine Informationen durch elektrische Ströme ab, die zwischen den einzelnen Arealen des Gehirns hin- und herfließen. Diese Aktivität ist durch Elektroden meßbar. Ende des 19. Jahrhunderts wurde nachgewiesen, daß sich Aktionspotentiale im Gehirn sprungartig dem Nerv entlang fortleiten. *Thomas Müller* entwickelte 1842 die Theorie der spezifischen Sinnesenergien, um zu erklären, wie diese elektrischen Signale unterschiedliche Wahrnehmungen hervorrufen. Unsere Wahrnehmungen gehen laut Müller auf eben diese »Sinnesenergien« zurück, die auf das Gehirn wirken; die Stimulation des Auges führt zum Sehen, die des Ohres zum Hören usw. Zu Beginn des 20. Jahrhunderts fand man schließlich heraus, daß Rezeptoren Reizsignale aus der Umwelt in elektrische Signale umwandeln, die durch die Neuronen zu sinnspezifischen Hirnarealen weitergeleitet werden. Ab 1920 standen Geräte zur Verfügung, die diese Signale (die Nervenimpulse) aufzeichnen und ihre

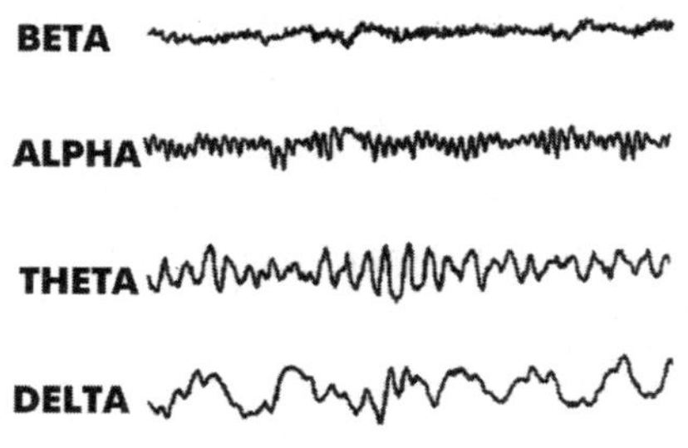

Abb. 4: Die Gehirnwellenrhythmen Beta, Alpha, Theta und Delta

chemische Basis entschlüsseln konnten. Je nach Bewußtseinszustand des Probanden werden dabei verschiedene Kurven sichtbar, die Ausdruck verschiedener Frequenzen sind.

Im Wachbewußtsein befinden wir uns als Erwachsene vorwiegend im sogenannten Beta-Zustand. Das Gehirn erzeugt hier vorwiegend Frequenzen zwischen 14 und 21 Hertz. Dies ist die Wahrnehmungsebene des sogenannten äußeren Bewußtseins. Je höher dabei die Frequenz, um so hektischer wird unser Verhalten. Im Beta-Zustand erleben wir Raum und Zeit wie im Alltag. Mit etwa zwölf Jahren wird die vorwiegende Wahrnehmungsebene von Alpha nach Beta verschoben, was – neben der Hormonproduktion – ein weiterer Grund für die emotionalen Schwierigkeiten der Pubertät sein mag. Wir fangen buchstäblich an, die Welt mit den Augen eines Erwachsenen zu sehen.

Der relativ neu definierte Bereich des SMR (Sensory Motor Rhythm) liegt im unteren Beta-Zustand im Übergang zu Alpha (13 - 15 Hz). Er steht für hohe Intelligenz und schnelle Reaktionen bei gleichzeitiger innerer Ruhe und ist daher für ein ruhiges, entspanntes Lernen oder Arbeiten besonders wertvoll.

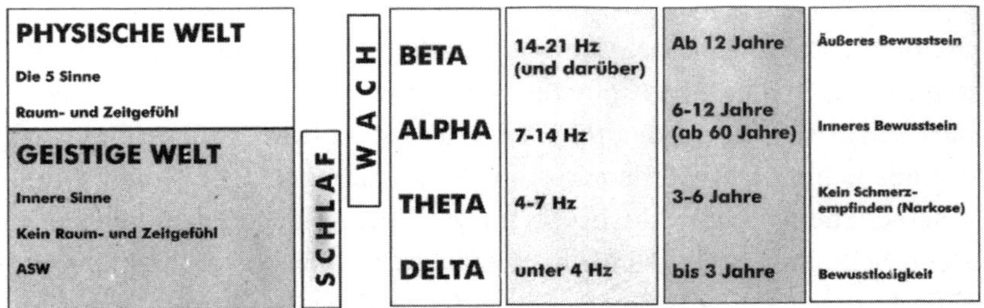

Abb. 5: Unsere Bewußtseinszustände in Verbindung mit den Gehirnwellenrhythmen

Wenn wir unsere Aufmerksamkeit zunehmend nach innen richten, stellt sich die Alpha-Frequenz zwischen 7 und 14 Hz im Gehirn ein. Wir befinden uns in einem entspannten und doch energetischen Zustand. Konzentration ist im oberen, Meditation im unteren Alpha-Bereich angesiedelt. Alpha stellt daher den Übergang von der aristotelischen *Aisthesis* zu *Noesis*, von der sinnlichen zur geistigen Wahrnehmung dar. Da für uns als Erwachsene dieser Zustand meist ungewohnt ist, neigen wir dazu, rasch den Übergang zu Theta und schließlich zu Delta zu vollziehen und einzuschlafen. Kinder bis zur Pubertät aber zeigen ein häufiges Alphabild der Gehirnwellen. Im Alpha sind wir noch weitgehend wach, und so hat dieser Gehirnwellenrhythmus gerade bei der außersinnlichen Wahrnehmung hohe Bedeutung. Die äußerste Schicht der Großhirnrinde wird in Alpha zunehmend beruhigt, wodurch die eingehenden Informationen weniger interpretiert werden. Deshalb sind wir hier auch für Suggestionen empfänglicher. Die Werbung versucht uns z. B. durch die Supermarkt-Hintergrundmusik zu entspannen und weitgehend in Alpha zu versetzen, da wir in diesem Zustand unsere Kaufentscheidungen viel weniger rational, sondern eher emotional begründen. Die wunderschöne Verpackung greift so viel besser.

Senkt sich die Gehirnfrequenz weiter ab, so gelangen wir in den Thetazustand (4 - 7 Hz). Theta ist der »Speicher unserer Erinnerungen«, ebenso der Zustand, indem wir Raum- und Zeitgefühl verlieren (was auch erklärt, warum unsere Erinnerungen meist räumlich oder zeitlich verzerrt werden). Während Trancen und in Hypnose gelangen wir in diesen Bewußtseinszustand, in dem wir auch weitgehend schmerzunempfindlich sind. In Trance sinkt zudem die Aktivität im linken Stirnlappen, dem »Sitz« des Ich-Bewußtseins. Dagegen steigt die Aktivität in der rechten Gehirnhälfte, vor allem im Schläfenlappen. Ein Trommelimpuls von etwa 4 Hertz erzeugt synchron einen Gehirnwellenrhythmus von etwa 4 Hertz, der dem Thetazustand entspricht. Daher werden, wie wir noch sehen werden, Trommelrhythmen gerne für Trancen eingesetzt. Theta ist der vielleicht interessanteste Frequenzbereich, der einen Schlüssel zum Unbewußten enthält. Kinder bis zur Einschulung befinden sich sehr häufig im Theta-Zustand. Fantasie und Bilderwelt sind hier am meisten ausgeprägt. Gerade hier stoßen wir mit unserem Schulsystem brutal in die Entwicklung hinein: Obwohl die Kinder in diesem Alter sich vorwiegend im Alpha- oder Theta-Zustand befinden, also in einem entspannten, bildhaften, träumerischen Bewußtsein, fordert die Schule von ihnen, sich über lange Phasen im Beta-Zustand aufzuhalten.

Delta (0,5 - 4 Hz) schließlich ist der Zustand des Tiefschlafs oder gar des Komas. Er läßt weitgehend keine Bewußtheit zu. Kleinkinder aber befinden sich recht häufig in diesem Bewußtseinszustand, was erklärt, warum man sich nur an die wichtigsten, beeindruckendsten Erlebnisse aus dem Alter bis drei Jahre erinnern kann.

Unsere Bewußtseinsebenen sind:

Beta	Alltagsbewußtsein, äußere Wirklichkeit
Alpha	Entspannung, Übergang zur inneren Wirklichkeit
Theta	Trance, Hypnose
Delta	Tiefschlaf, Bewußtlosigkeit

Die Erschaffung von Wirklichkeit

Der Geist muß als Ganzes durch das Reduktionsventil des Gehirns hindurchfließen. Was übrigbleibt, ist ein spärliches Rinnsal von Bewußtsein.

Aldous Huxley

Wahrnehmungsfilter

Wahrnehmung ist ein Auswahlprozeß, bei dem unsere Bewußtseinslage bestimmt, womit wir in Resonanz gehen, welche Strukturen wir aus der Vielzahl der Möglichkeiten auswählen werden und in unser Wahrnehmungsfeld, sprich Bewußtsein rücken.

Marco Bischof

Unser Gehirn erhält etwa 600.000 Informationseinheiten pro Sekunde. Wenn wir alle Informationen bewußt wahrnehmen und verarbeiten müßten, wären wir überlastet. Vor dieser Reizüberflutung schützen uns Wahrnehmungsfilter, so daß uns letztlich nur fünf bis neun Informationseinheiten pro Sekunde bewußt werden. Im wesentlichen besitzen wir drei Arten von Wahrnehmungsfiltern: Der neurologische Filter schränkt die Wahrnehmung durch die Beschaffenheit unserer Sinne ein. So können wir z. B. Schall nur zwischen 20 und 20.000 Hz wahrnehmen. Auch das Sehen ist eingeschränkt: Wir nehmen das Licht über die Augen nur in einem Spektrum zwischen 380 und 680 Nanometer wahr. Ähnlich verhält es sich bei den taktilen Reizen. Klassisch ist der Nadelversuch: Schließen Sie die Augen. Eine andere Person setzt leicht zwei Nadeln an Ihrem Arm an. Wie weit muß der Abstand zwischen den beiden Nadeln sein, damit Sie sie einzeln spüren können? Der soziale Filter dagegen ist bereits ein Teil unseres Weltbilds. Unsere Wahrnehmung wird durch unser kulturelles Umfeld eingeschränkt, z. B. durch unsere Sprache: Inuits können über ihre Sprache viel mehr Arten von Schnee unterscheiden als wir. Die Unterscheidung auf sprachlicher Ebene setzt sich auf der Bewußtseinsebene fort. Wir Europäer sind uns viel weniger verschiedener Schnee-Konsistenzen bewußt. Aber auch unsere Moralvorstellungen schränken unsere Wahrnehmung ein. Bestimmte Verhaltensweisen z. B. können wir nicht wahrnehmen, weil wir sie verdrängen. So war zu Freuds Zeiten der Sexualtrieb weitgehend verdrängt, weshalb viele sexuelle Wahrnehmungen nicht ins Bewußtsein gelangten und zu den berühmten Freud'schen Verdrängungskomplexen führten. Das erstaunlichste Beispiel eines sozialen Wahrnehmungsfilters ist aber sicherlich das bereits beschriebene Phänomen (S. 11), daß Eingeborene ein großes Schiff

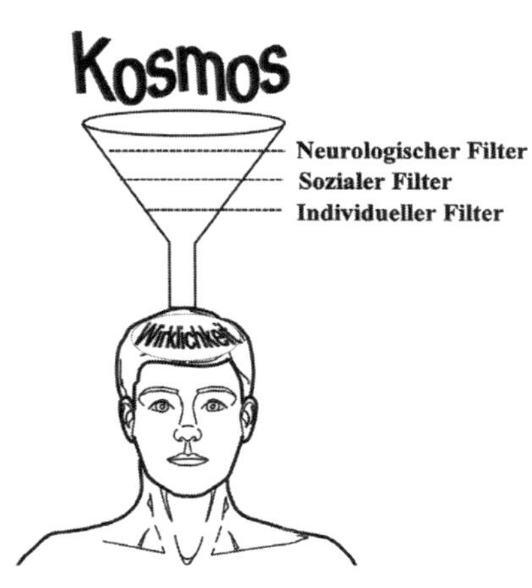

Abb. 6: Die Wahrnehmungsfilter

Abb. 7: Der neuronale Filter: Menschen (links) sehen anders als Insekten (rechts). Was uns Menschen verborgen bleibt, können Bienen sehen. Die Blüte des Blasenstrauchs *(Colutea arborescens)* hat ultraviolette Strahlung absorbierende Merkmale. Bienen können in diesem Lichtspektrum sehen und erkennen eine »Markierung«. (rechts Aufnahme mit UV-durchlässigem Filter)

nicht sehen konnten, das Charles Darwin in seinem Buch »Geologische Beobachtungen« beschreibt.

Der individuelle Filter schließlich schränkt unsere Wahrnehmung durch unsere persönliche Erfahrung ein. Er ist ein Konstrukt unseres individuellen Modells von der Welt, unserer Interessen, Vorlieben, Abneigungen, Gewohnheiten und unserer Erziehung: Ein Motorradfan sieht an jeder zweiten Ampel eine »Maschine« stehen, die ihn anspricht. Wird er aber Familienvater, so verschieben sich seine Interessenslagen, und er sieht plötzlich überall Vans. Sind diese Filter wirklich so stark, daß sie die bewußte Wahrnehmung physischer Objekte blockieren können? In der Tat ist dem so: In einem Versuch wurden junge Kätzchen in einem Raum aufgezogen, der nur horizontale Elemente enthielt, die wie Regalbretter im Raum befestigt waren. Eine andere Gruppe von Kätzchen aber wurden in einer ausschließlich »vertikalen Umgebung« aufgezogen. Nach einiger Zeit tauschte man die Gruppen, und in der Tat waren die Kätzchen in der für sie völlig fremdartigen Umgebung zunächst völlig orientierungslos. Sie konnten ihre Sprünge nicht richtig berechnen, liefen gegen Möbelstücke usw. Freilich paßten sie sich mit der Zeit dem neuen Umfeld an. Wir können also durchaus unsere Wahrnehmungsfilter verändern.

Wozu diese Filtereigenschaft unseres Gehirns? Werden Sie sich einen Augenblick bewußt, was Sie im Moment wahrnehmen:

- Den Druck des Möbels auf Ihr Gesäß.
- Die Temperatur des Raumes auf Ihrer Haut.

- Das Schwarz und Weiß dieser Zeilen.
- Die Farben am Rande Ihres Gesichtsfeldes (der rote Pullover, die grüne Lampe, der braune Teppich...)
- Die Formen im Brennpunkt und am Rande Ihrer Aufmerksamkeit.
- Die Geräusche, die Sie umgeben: Ihr Atem, das Ticken der Uhr, das Zwitschern der Vögel, das Summen des Trafos ...
- Der Geschmack auf Ihrer Zunge.
- Der Geruch der Luft in Ihrem Raum
- und und und und und ...

Würden Sie *alles* und *immer* wahrnehmen, Sie würden verrückt werden! Bei autistischen Menschen ist ein großer Teil dieses Wahrnehmungsfilters defekt. Umweltreize gelangen so ungehemmt in ihr Bewußtsein, weshalb sie es vorziehen, für sich zu bleiben, und sich nur ungern mit Fremden auseinandersetzen.

Umgekehrt können durch Entzug solcher Umweltreize Bewußtseinsveränderungen ausgelöst werden. In einem sogenannten Samadhi-Tank treibt man in Salzwasser, das exakt Körpertemperatur hat, schwerelos und von Licht und Geräuschen völlig isoliert. Nach wenigen Minuten können Sie nicht mehr zwischen der Grenze Ihrer Haut und dem Raum um sich herum unterscheiden. Ähnlich wie für ein Embryo im Mutterleib wird alles *eins*. Sie sind *all-ein*. Wenn wirklich keine Trennung zwischen Ihnen und Ihrer Umwelt wäre, wie könnten Sie dann ein Ich entwickeln? Wenn Sie fortwährend wirklich alles wahrnehmen würden, was Sie umgibt, gäbe es kein Innen und kein Außen, Sie hätten keine Identität. Ein Wesen ohne Identität kann aber schlecht Erfahrungen sammeln, da es alles nur aus sich selbst heraus gebiert. Der Wahrnehmungsfilter Gehirn ist also Voraussetzung für das Leben, wie wir es kennen und erleben auf der Erde.

Aber werden wir wieder etwas handfester. Folgende kleine Übung kann Ihnen einen Eindruck vermitteln, wie stark unser Gehirn filtert.

Übung 1: Zählprobe

Bitte zählen Sie, wie oft in folgendem Satz der Buchstabe »F« vorkommt. Er ist bewußt auf Englisch. Sie müssen den Satz nicht verstehen. Zählen Sie einfach die Fs:

FINISHED FILES ARE THE
RESULT OF YEARS OF SCIENTIFIC
STUDY COMBINED WITH THE
EXPERIENCE OF YEARS

Wie viele Male haben Sie den Buchstaben »F« gezählt? Dreimal? Viermal? Fünfmal? Er ist sechsmal vertreten!
Unser Gehirn filtert gewöhnlich die Zeichenkombination OF heraus. Obwohl wir das Wort »of« lesen, filtert das Gehirn beim Zählen das »F« häufig heraus. Eigenartig nicht wahr? Glauben Sie immer noch, Sie nehmen alles wahr, was Sie umgibt?

Unsere Wahrnehmungsfilter sind:

- **Der neurologische Filter**
- **Der soziale Filter**
- **Der individuelle Filter**

Warum ist das Kamel nicht grün? – Das Bindungsproblem

Alles in der Welt ist merkwürdig und wunderbar
für ein paar wohlgeöffnete Augen.
José Ortega y Gasset

Unsere Wahrnehmung ist also durch unser Weltbild vorgegeben. In der Geomantie bemühen wir uns allerdings, auch andere Wirklichkeiten außerhalb des Rahmens des konventionellen Weltbilds wahrzunehmen. Warum können z. B. die meisten Menschen Elementarwesen nicht sehen?

Wir nehmen ein Objekt keineswegs als Ganzes wahr. Statt dessen beschäftigen sich verschiedene Teile des Gehirns parallel mit unterschiedlichen Merkmalen, z. B. mit Farbe oder Form. Bei einem Schlaganfallpatienten war z. B. ein Gehirnareal ausgeschaltet, das für visuelle Verarbeitung zuständig war. Der Patient konnte alles sehen – nur Nasen nicht. Wenn jemand mit einer roten Clownsnase im Gesicht das Zimmer betrat, fiel ihm das nicht auf, selbst, wenn man ihn darauf ansprach. Statt die tatsächliche Nase zu sehen, sah der Patient nur, wie die Nase des Gegenübers wahrscheinlich aussehen sollte! Das heißt, es ist unser Gehirn, das wahrnimmt, und nicht die Augen. Mit den Augen des Patienten war alles in bester Ordnung!

Die verschiedenen visuellen Eindrücke von Farbe, Bewegung, Form usw. werden in vollkommen verschiedenen Hirnarealen abgearbeitet, »wahrgenommen« und anschließend zu einem Ganzen zusammengesetzt. Wenn ein Kamel sich vor einer grünen Palme bewegt, sehen wir verschiedene Bewegungen (des Kamels und das Wiegen der Palme),

1: Wahrnehmung über unsere Sinnesorgane
2: Verarbeitung des Wahrgenommenen in der Sehrinde
3: Deutung im Schläfenlappen: Den aufgearbeiteten Daten wird im Schläfenlappen Bedeutung verliehen. Meist sind es mehrere Bedeutungen.
4: Der Hippokampus als Zensor: Es wird die Deutung ausgewählt, die unserer Erfahrung nach die wahrscheinlichste ist und unserer Erwartung entspricht. Nur diese wird uns bewußt. Drogen, Trancen u. a. Techniken können helfen, auch andere Interpretationen ins Bewußtsein gelangen zu lassen.

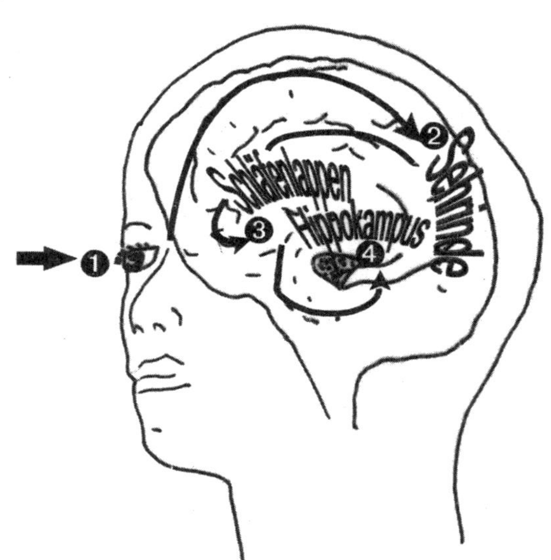

Abb. 8: Der Hippokampus, unser »Zensor im Schläfenlappen«

verschiedene Farben und Formen. Wie das Gehirn diese Einzelwahrnehmungen »korrekt« zusammensetzt, ist bis heute unverstanden (sogenanntes Bindungsproblem). Wir wissen bislang nicht, warum uns nicht z. B. das Kamel grün erscheint, sondern die Palmblätter.

Entsteht vielleicht die »Bindung« durch die Wahrscheinlichkeit unserer Erfahrungen?

Auch in der erweiterten Wahrnehmung entscheidet die Wahrscheinlichkeit, ob und wie wir Wahrnehmungselemente zusammensetzen. Dabei hilft uns unsere Erfahrung. Dummerweise bedingen sich unsere Erfahrung und unser Weltbild wechselseitig. So können wir vorwiegend nur das sehen, was unserem Weltbild entspricht (siehe das Kapitel über Wahrnehmungsfilter); dieses wird durch unsere Erfahrungen gebildet, und die Erfahrungen wiederum entstammen unserer Wahrnehmung: ein sehr stabiles und wenig flexibles System! Also, warum sehen wir keine Elementarwesen?

Elementarwesen sind uns vor allem über die Märchen vertraut geworden und hier mit bestimmten Erscheinungsbildern verknüpft (Zwerg mit Bart und Zipfelmütze). Dummerweise aber haben wir ebenfalls gelernt, daß diese Erscheinungsweisen eben Märchen sind. Daher stimmen das vorhandene Bild in unserem Bewußtsein und unsere Wahrnehmungsakzeptanz nicht überein. Das einzige Bild, das uns zur Umsetzung unserer Wahrnehmung zur Verfügung steht (z. B. Zwerg mit roter Zipfelmütze) steht als sozialer Filter neben dem individuellen Filter, der sagt, daß solcherart Märchenbilder Humbug sind. Folglich kann ich das Elementarwesen nicht sehen. Um Elementarwesen oder andere Erscheinungen anderer Realitäten wahrnehmen zu können, muß ich zuerst mein Bewußtsein auf neue, akzeptierbare Vorstellungsbilder trainieren. Wir müssen, wie die Kätzchen, zunächst in uns akzeptieren, daß es andere Realitäten außer der physischen gibt, erst dann wird der Weg frei für die bewußte Wahrnehmung dieser Wirklichkeiten. Wie funktioniert nun dieser Filtermechanismus im Gehirn? Der Zensor in unserem Gehirn sitzt im Schläfenlappen. Es ist der Hippokampus. Er interpretiert eingehende Informationen der Wahrnehmungsorgane, die über die Areale des Großhirns an ihn weitergeleitet werden. Der Hippokampus wählt dabei diejenige der vielen Deutungsmöglichkeiten aus, die uns am wahrscheinlichsten erscheint, also unserer Erfahrung und Erwartung am nächsten kommt. Wird dieser Zensor durch Drogen, Trance usw. geschwächt, so läßt er auch Deutungen zu, die nicht in unser Alltagsbewußtsein passen.

Die Wahrscheinlichkeit entscheidet, wie wir Einzelfragmente zusammensetzen, und damit, was wir wahrnehmen.

Wirklichkeitsbilder

> Das stimmt natürlich... aber es ist nicht die Wahrheit.
>
> *Helmut Kohl*

Wir haben unsere eigenen Erfahrungen und damit unsere eigene Welt »im Kopf«. Jeder Mensch trägt so sein eigenes Bild der Wirklichkeit mit sich herum. Wahrheit und Wirklichkeit sind in der Tat nichts Absolutes, sondern im Gegenteil sehr individuell. Spricht ein Redner von »Freiheit«, so mag in den Köpfen der Zuhörer eine jeweils andere Wirklichkeit präsent sein. Der eine denkt an Urlaub, Sonne, Strand und Meer und damit an die Freiheit von beruflichen Sachzwängen. Ein anderer Zuhörer hört »Freiheit« und zuckt zusammen, weil ihm in Kürze ein Gefängnisaufenthalt bevorsteht. Für ihn ist »Freiheit« eine körperliche Freiheit. Der dritte schließlich empfindet seine Beziehung als Gefängnis. Für ihn erschließt sich »Freiheit« als eine individuelle Freiheit, seine Bedürfnisse leben zu können. Diese unterschiedlichen Wirklichkeitsbilder in uns bestimmen aber auch unsere weiteren Wahrnehmungen.

Unsere unterschiedlichen Wirklichkeitsbilder bestimmen unsere Wahrnehmungen.

Der Nachbau der Realität

Wahrnehmung ist ein psychophysiologischer Prozeß.
Sie entsteht nicht in den Sinnesorganen,
sondern im Hirn.
Friedrich Steigerwald

Betrachten Sie sich das nebenstehende Bild (Abb. 9). Was sehen Sie? Es gibt zwei Möglichkeiten! Die Wahrnehmung ist ein Wahr-Nehmen der Wirklichkeit, ein aktiver Prozeß, in welchem wir die äußere Wirklichkeit im Geistesraum, der »Noosphäre«, nachbauen. Dies bedeutet, daß nur das für mich wirklich (also wirkend) wird, was ich in mir erschaffe.

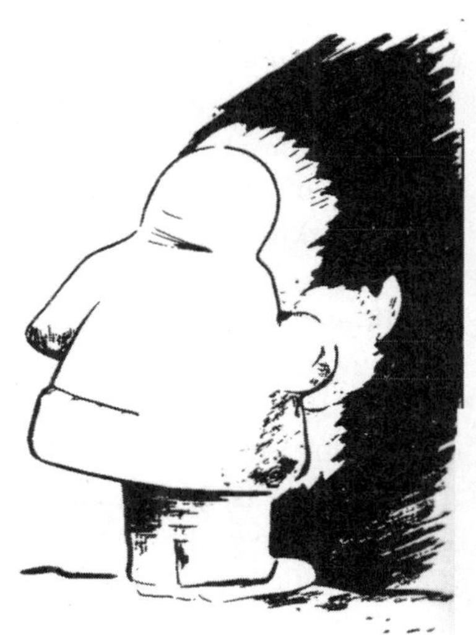

Abb. 9: Was sehen Sie?

Entweder haben Sie soeben den Inuit (»Eskimo«) oder den Indianerkopf gesehen. Das, was beim Inuit der Ellbogen ist, ist beim Indianer die Nase, die Füße sind der Hals, der zweite Inuitarm ist das Ohr des Indianers. Haben Sie das jeweils andere Bild jetzt gesehen? Dann haben Sie soeben innerlich die jeweilige Figur »nachgebaut«, erst jetzt ist sie »wirklich« geworden.

Am besten wird dies durch die Analogie des Handwerkers verständlich: Jede Handwerkszunft ist gewohnt, mit ihrem Material umzugehen: der Steinmetz mit Stein, der Schmied mit Eisen, der Bäcker mit Teig usw. Versuchen nun verschiedene Handwerker, ein Objekt nachzubauen, so werden sie je nach Material unterschiedlich erfolgreich sein. Wenn z. B. ein Steinmetz versucht, einen Fluß nachzubauen, wird er womöglich mit seinen Steinen den Fluß nachempfinden können, das Wesen des Flusses aber – die Veränderlichkeit und Bewegung – geht im Stein verloren.

Das erlernte »Handwerk« entspricht unseren Erfahrungen, unserem Weltbild. Wir können infolgedessen nur wahrnehmen, was (wenigstens grundlegend) unserer Erfahrung entspricht. Da jedoch jedes Individuum andere Erfahrungen hat, nimmt auch jeder Mensch anders wahr. Jemand, der in seinem Leben negative Erfahrungen z. B. mit dem eigenen Vater gemacht hat, erkennt solche »negativen« Grundeigenschaften (scheinbar) auch leichter bei anderen Männern. Gerade dadurch aber kommt es andererseits zur Überbetonung dieser Grundeigenschaften in seiner Wahrnehmung anderer Männer. Er erkennt möglicherweise bestimmte positive Eigenschaften wenig oder gar nicht mehr. Sie gehen im Nachbau der Wirklichkeit durch »ungeeignetes Baumaterial« verloren!

Wie merkwürdig unser Nachbau der Realität funktionieren kann, zeigt folgendes Ereignis: Eine Versicherungsgesellschaft in Saskatchewan (Kanada) hatte folgende Absonderlichkeit festgestellt: Piloten von Kleinflugzeugen versuchten bei Motorproblemen auf der nächsten freien Autobahn notzulanden. Oft rasten dann Autofahrer in das Flugzeug, ohne abzubremsen. Bei der polizeilichen Vernehmung antworteten die Autofahrer stets, sie hätten das Flugzeug *nicht gesehen*. Ein Flugzeug auf der Straße paßte nicht zu ihrem Wirklichkeitsbild, deshalb sahen sie auch keines und fuhren, ohne zu bremsen, in dieses hinein.

Wesentlich ist: Unsere Wahrnehmung ist ein aktiver Prozeß, bei dem ständig Wahrnehmungsfilter verändert werden. Wollen wir an unserer Fähigkeit zur Wahrnehmung etwas fundamental verändern, so müssen wir ebenso fundamental an unseren Wirklichkeitsbildern arbeiten.

Vorannahmen aus dem NLP

> Wenn das Individuum all seine Körper- und Sinneserfahrungen wahr- und in ein konsistentes und integriertes Selbstbild aufnimmt, dann hat es notwendigerweise mehr Verständnis für andere und verhält sich gegenüber anderen als Individuum akzeptierender.
>
> *Carl Rogers*

Die oben beschriebenen Bewußtseinsvorgänge werden im neurolinguistischen Programmieren (NLP) von vier wichtigen Grundannahmen wiedergegeben:

1. **Die Landkarte ist nicht das Gebiet.** Das bedeutet, daß wir auf unsere Vorstellungen reagieren, die wir uns von der Wirklichkeit machen – nicht auf die Wirklichkeit selbst! Oder anders: »Wirklichkeit« findet in unserem Kopf statt.

2. **Menschen erhalten Informationen über die Welt durch ihre fünf Sinne und verarbeiten diese gemäß ihrem Weltbild.** Wir können nur das wahrnehmen, was es in unserer Wirklichkeitsvorstellung gibt.

3. **Kommunikation findet immer statt.** Wir nehmen ständig wahr, wenn auch auf verschiedenen Wahrnehmungsebenen. Mit anderen Bestandteilen der Realität, also anderen Menschen, Tieren, Pflanzen oder gar nichtphysischen Entitäten in Kontakt zu treten, bedeutet, ihnen in ihrem Modell der Realität begegnen zu wollen.

4. **Je flexibler wir in unserem Weltbild sind, um so eher gelingt es uns,** mit Menschen (und auch mit anderen »Bewußtseinseinheiten« wie Pflanzen, Tieren oder anderen Kräften) **zu kommunizieren.**

Die fünf Sinne

Unsere fünf Sinne – Eine Wahrnehmungsübung

Jeder Beobachter beeinflußt das
zu beobachtende System.
Werner Heisenberg

Übung 2: Die fünf Sinne
Nehmen Sie sich einige Minuten Zeit und machen Sie folgende Übung: Begeben Sie sich an einen angenehmen Ort. Setzen Sie sich und versuchen Sie, Ihre Sinneseindrücke getrennt nach den fünf Sinnen wahrzunehmen. Schließen Sie dazu am besten die Augen.

1. Lauschen Sie auf alle Klänge und Geräusche. Verweilen Sie einige Minuten in dieser Wahrnehmung.
2. Ertasten Sie dann (mit geschlossenen Augen) den Ort, an dem Sie sich befinden. Wie sind die Oberflächen? Nehmen Sie so viele Einzelheiten wie möglich wahr.
3. Riechen Sie dann alle angenehmen und unangenehmen Düfte und Gerüche.
4. Schmecken Sie die Luft und lecken Sie an Objekten.
5. Öffnen Sie dann die Augen und sehen Sie sich um. Was nehmen Sie wahr?

Berichten Sie einer anderen Person Ihre Wahrnehmungen (eine gute Partnerübung!), diktieren Sie sie in ein Aufnahmegerät oder sprechen Sie wenigstens laut aus, was Sie wahrgenommen haben.

Jeder Mensch ist anders – Die Wahrnehmungstypen

> Es ist Unsinn, die Menschen in Kategorien einzuteilen und mit Etiketten zu versehen.
>
> *C. G. Jung*

Menschen nehmen allgemein eher weniger über die Nase und die Zunge wahr. Wir können ohnehin nur die Geschmacksrichtungen süß, sauer, salzig und bitter unterscheiden. Alle anderen feinen Zwischennuancen entstehen unter Einbeziehung des Geruchssinns.

Die meist bevorzugten Sinne sind das Sehen, Hören und Fühlen. Die drei Wahrnehmungstypen sind so auch der visuelle, der auditive und der kinästhetische Typ. Diese Typen bevorzugen nicht nur eine Wahrnehmungsart, sondern man kann sie auch an Haltung, Sprache und Wortwahl erkennen. Die hier geschilderten drei Wahrnehmungstypen sind selbstverständlich Prototypen, sozusagen »Karikaturen«:

Der visuelle Typ spricht eher schnell und hoch. Er besitzt eine eher flache Atmung im oberen Brustbereich. Bei seiner Körpersprache gestikuliert er gerne nach oben, wobei er die Schultern zusammengezogen hält. In der Beschreibung seiner Wahrnehmungen und Wirklichkeitsbilder benutzt er gerne Wörter wie: sich ein Bild machen, erblicken, hell, leuchtend, farbig, klar oder neblig, schwarz sehen, den Durchblick haben, ein Einsehen haben oder auf Ansehen achten. So spricht der visuelle Typ z. B. davon, die Geräusche seien »klar« gewesen, während das Tasten eher »nebulös« war, der Geschmack war »offensichtlich getrübt«, während er sich Gerüche wahrscheinlich nur »eingebildet« habe.

Der auditive Typ spricht eher gleichmäßig laut, auch seine Atmung ist meist im mittleren Brustbereich. Er besitzt eine gleichmäßige Schulterspannung und gestikuliert gerne vor und zurück. Er benutzt gerne Worte wie: laut, klangvoll, bestimmt, eintönig, lautlos, findet etwas stimmig, fühlt sich berufen, verschwindet sang- und klanglos oder mit Pauken und Trompeten, er stimmt zu, fand den Platz lauschig oder die Gerüche harmonisch.

Der kinästhetische Typ schließlich hat eine tiefe, langsame, weiche Stimme. Auch seine Atmung ist tief und ruhig – zumeist Bauchatmung. Er gestikuliert eher wenig, und seine Schultern hängen. Gerne benützt er Wörter wie: warm, fest, glatt, sanft oder zart. Er fühlt sich berührt, ist bedrückt, hat ein Gespür oder beschreibt gerne Körperreaktionen wie Kribbeln, Herzklopfen, Pulsieren usw. und empfindet auch Töne als warm, fest oder weich.

Haben Sie sich einem Wahrnehmungstyp zuordnen können? Dann hadern Sie nun nicht mehr mit ihrem Schicksal, wenn andere minutenlang innere Bilder beschreiben oder ganze Botschaften gehört haben. Vielleicht sind sie ja ein kinästhetischer Typ, und Sie nehmen die Kraft des Ortes eher gefühlsmäßig oder durch Körperreaktionen wahr. Jeder Wahrnehmungstyp hat seine Stärken und Schwächen, und jeden Zugangskanal kann man zu einem präzisen Werkzeug machen.

Ich selbst bin auch eher ein kinästhetischer Typ. Ich besitze zu verschiedenen Ereignissen stets ein bestimmtes Gefühl. In Ansätzen habe ich sogar synästhetische Fähigkeiten. So fühlen sich Zahlen für mich hell oder dunkel an (ich sehe sie nicht etwa so, sondern ich empfinde sie so). Bei der Synästhesie kommt es zum Zusammenwirken verschiedener Sinne. Klänge erzeugen beispielsweise Farbwahrnehmungen, oder der Geschmack ein Gefühl von Formen. So kann etwa Saures für den Synästhetiker eckig schmecken, etwas Süßes rund...

Gehen wir nun einen Schritt weiter. Wir können auch Dinge hören, riechen oder schmecken, die weder akustische Geräusche machen, noch mit denen wir in Kontakt stehen.

Übung 3: Die erweiterte Wahrnehmung

Bitten Sie jemanden, einen beliebigen Gegenstand vor Sie hinzustellen, während Sie die Augen geschlossen halten.

Nun lauschen Sie! Wie klingt das Objekt? Welchen Geschmack erzeugt es in Ihrem Mund? Riechen Sie es und »tasten« Sie es mit geschlossenen Augen ab, *ohne es zu berühren!*

Ich bin sicher, Sie haben Sinneswahrnehmungen gehabt. Nach dem Öffnen der Augen ließen sich sicherlich einige Geräusche oder Oberflächenerfahrungen dem Objekt vor Ihnen zuordnen. Andere Erfahrungen wiederum scheinen Ihnen vermutlich merkwürdig. Warum klang der Stein im inneren Hören wie eine Glocke? Warum entstand ein süßer Geschmack? Solche Sinneswahrnehmungen bringen uns bereits auf eine andere Wahrnehmungsebene. Wir nehmen Realitätsebenen des Objekts wahr, die jenseits seiner physischen Existenz liegen und dennoch eine Art von Sinneswahrnehmung erzeugen können. Wir besitzen sozusagen so etwas wie höhere (oder tiefere – wenn Sie wollen) Sinne, die sich aber an die fünf Sinne anlehnen. Probieren Sie diese Übung mit verschiedenen Objekten aus! Wie klingt ein Stück Brot? Wie fühlt sich ein gemaltes Objekt an? Wie schmeckt die Uhr?

Die drei Wahrnehmungstypen sind
- **Visueller Typ (Sehen)**
- **Auditiver Typ (Hören)**
- **Kinästhetischer Typ (Fühlen)**

Was Augen bei der Wahrnehmung machen

Augen sind die Fenster der Seele.
Sprichwort

Übung 4: Augenbewegungen
Diese Übung zeigt, daß die Bewegungsorientierung der drei Wahrnehmungstypen auch in der inneren Wahrnehmung erfahren werden kann. Blicken Sie in der Horizontalen auf einen weit entfernten Punkt. Schließen Sie die Augen.

1. Stellen Sie sich jetzt ein inneres Bild vor. Vielleicht möchten Sie den Weihnachtsbaum vom vergangenen Weihnachtsfest vor sich erstehen lassen oder den Strand des letzten Urlaubs. Versuchen Sie, das gewählte Bild so klar wie möglich zu sehen. Sehen Sie so viele Details wie möglich! Betrachten Sie eine Weile das Bild. Und nun begeben Sie sich auf eine Metaebene und betrachten Sie sich selbst: Wohin blicken Sie gerade?

2. Blicken Sie mit offenen Augen wieder in die Horizontale, und schließen Sie dann die Augen. Erinnern Sie sich jetzt so deutlich wie möglich an eine Melodie, ein Kinderlied oder ein Lied, das sie kürzlich im Radio gehört haben.

Nehmen Sie wieder die Metaposition ein. Wohin blicken Ihre Augen jetzt?

3. Schauen Sie erneut mit geöffneten Augen in die Horizontale und schließen Sie die Augen. Erinnern Sie sich genau an einen Augenblick der Freude oder Rührung, der Sie sehr ergriffen hat. Erinnern Sie sich genau des Gefühls! Nehmen Sie wieder die Metaposition ein und beobachten Sie, wohin Ihre Augen blicken.

Im allgemeinen blicken Menschen, die sich innere Bilder machen, nach oben, Menschen, die innere Töne und Geräusche erleben, blicken in Augenhöhe, während Menschen, die einem Gefühl nachspüren, nach unten blicken. Wir erkennen darin auch die bevorzugten Haltungen und Bewegungsrichtungen der drei Wahrnehmungstypen wieder: Visueller Typ – Bewegung nach oben, akustischer Typ – Mitte, und kinästhetischer Typ – Bewegung nach unten.

Sie haben woanders hingeblickt? Nun, möglicherweise haben Sie ja der Melodie eher nachgespürt, als ihr gelauscht – dann ging Ihr Blick eher nach unten. Oder Sie haben, statt das Gefühl zu erleben, eher die Situation visualisiert. Dann ging Ihr Blick vermutlich eher nach oben. Vielleicht versuchen Sie es einfach noch einmal!

Bei inneren Bildern blicken die Augen nach oben.
Bei inneren Geräuschen blicken die Augen horizontal.
Bei Gefühlen blicken die Augen nach unten.

Exkurs – Freiraum schaffen

Der Grad unserer Bedürfnisbefriedigung
bestimmt über unsere Wahrnehmung.
Fritz Perls

Der Biochemiker und Neurologe Dr. Joe Dispenza zeigte auf, wie sehr jeder Umwelteindruck unser Wirklichkeitsbild beeinflussen kann. Durch Umweltreize kommt es zum »Einschalten« bestimmter Neuronennetze im Gehirn, die sofort chemische Veränderungen im Gehirn auslösen. Diese chemischen Veränderungen wiederum rufen emotionale Reaktionen hervor und färben dadurch unsere Wahrnehmungen.

Oft tragen wir bereits eine Fülle an Informationen mit uns herum, so daß unsere Wahrnehmungen erheblich vorgeprägt sind. Unerfüllte Bedürfnisse wie Hunger, Kälte oder der Drang, auf die Toilette zu müssen, prägen und verändern unsere Wahrnehmungen ebenso wie emotionale Prägungen: eben erlebter Ärger ebenso wie starke Freude. Daher sollte man – insbesondere wenn wir uns feineren Wahrnehmungsebenen zuwenden wollen – körperliche Bedürfnisse befriedigen. Essen Sie etwas, wenn Sie Hunger haben, aber nicht so viel, daß Sie nur noch mit dem Verdauen beschäftigt sind. Sorgen Sie für genügend Körperwärme oder bei Hitze für angenehme Kühlung. Achten Sie auf bequeme Kleidung. Sitzen, liegen oder stehen Sie so, daß es angenehm ist und Sie sich nicht verspannen.

Um auch emotional und mental frei zu sein, hilft eine vorbereitende Übung aus dem Focusing sehr gut. Sie nennt sich schlicht »Freiraum schaffen«. Focusing ist eine körperorientierte Methode, das wahrzunehmen, was ist. »Erlebendes Focusing ist sanft wahrnehmen, was Sie empfinden, und Worte und Bilder finden, um Ihre Wahrnehmung zu beschreiben, oder Handlungen, um sie auszudrücken.« (Rob Foxcroft) Wir werden noch einige Male auf die Methodik des Focusing zurückkommen.

Übung 5: Freiraum schaffen
[Besonders geeignet für Kinästhetiker]
Machen Sie es sich bequem. Sie können liegen, sitzen oder stehen. Schließen Sie die Augen und richten Sie Ihre Aufmerksamkeit sanft nach innen. Spüren Sie in sich – vor allem in Ihren Rumpfbereich, also Bauch und Brustraum – hinein. Sind Sie rundum entspannt? Oder ist da noch etwas, was Ihre Aufmerksamkeit verlangt? Eine wichtige Sache, die Sie noch nicht erledigt haben und die Sie nicht vergessen dürfen? Eine ärgerliche Situation, die sich meldet? Ein Problem, mit dem Sie sich seit Tagen beschäftigen?

Nehmen sie wahr, was ist. Vielleicht können Sie körperlich spüren, wo sich das Ereignis befindet: Im Bauch? In der Brust? Im Genick? Fühlt es sich an, als wäre es in Ihnen oder eher um Sie herum? Geben Sie jedem dieser aufmerksamkeitsheischenden Bedürfnisse ein paar Sekunden Ihrer Zeit. Werden Sie sich klar: »Ja, ich hab dich gesehen! Ich weiß, daß es dich gibt!« Geben Sie dem Problem, dem Bedürfnis Anerkennung. Und vereinbaren Sie mit sich selbst, diesem Bedürfnis später Raum zu geben. Diese Vereinbarung sollte ehrlich sein. (Sie wissen, wann Sie sich selbst betrügen wollen!)

Nun räumen Sie das Ereignis (Bedürfnis/Problem) so auf die Seite, daß Sie Freiraum bekommen. Es darf noch spürbar sein, aber es sollte Ihre Wahrnehmung nicht *bestimmen*. Stellen Sie sich z.B. vor, Sie stellen es in ein Regal. Wo steht es gefühlsmäßig? Rechts oder links von Ihnen? Hinter Ihnen? Geben Sie dem Bedürfnis einen Gefühlsraum, wo es sein darf, bis Sie später Gelegenheit haben, es wieder in den Mittelpunkt der Aufmerksamkeit zu rücken.

Wenn Sie *jedes* Ihrer Bedürfnisse behandelt haben, wie fühlt sich jetzt Ihr innerer Raum an? Ist er jetzt frei? Oder meldet sich noch etwas? Geben Sie auch diesem »Etwas« Raum, betrachten Sie es, vereinbaren Sie, sich später darum zu kümmern und stellen Sie es an eine passende Stelle.

Wiederholen Sie den Vorgang, bis Sie sich innerlich frei fühlen.

Eine andere, ähnliche Methode ist die »Energy Convertion Box« von Bob Monroe aus dem Monroe-Institut.

Übung 6: Energy Conversion Box *[Besonders geeignet für visuelle Typen]*
Stellen Sie sich eine Kiste vor. Es ist Ihre persönliche »Energie-Umwandlungs-Kiste«. Wie sieht sie aus? Alt? Neu? Mit Eisenbeschlägen? Ganz aus Metall oder aus einem vollkommen fiktivem Material? Lassen Sie die Kiste so klar wie möglich vor Ihrem inneren Auge entstehen. Vielleicht ist es auch eher ein Schrank als eine Kiste? Sie haben alle Freiheit.

Wenn Sie die Kiste klar in allen Einzelheiten sehen können, dann öffnen Sie sie und legen Sie symbolisch alles hinein, was sie belastet oder Ihre Aufmerksamkeit ablenken könnte. Sie können eine Notiz einlegen, auf der der wichtige Termin verzeichnet steht, das Foto einer Person, mit der Sie noch etwas zu klären haben, oder ein Tonband mit wichtigen Sprachnotizen. Wenn Sie alle aufmerksamkeitsheischenden Bedürfnisse in die Kiste gegeben haben, verschließen Sie sie und seien Sie gewiß, daß diese Sie in den nächsten Minuten nicht belasten werden...

Übung 7: Zeugentechnik *[Besonders geeignet für auditive Typen]*
Beobachten Sie eine Weile Ihre Gedanken. Welche Gedanken sind vordringlich? Worum kreisen sie? Greifen Sie vor allem die »hartnäckigen«, immer wiederkehrenden Gedanken heraus und sprechen Sie sie laut (oder in Gedanken) aus. Stellen Sie sich vor, daß unsichtbare »Zeugen« Sie hören. Diese werden Sie später an die Gedanken erinnern. Besser noch: Notieren Sie kurz schriftlich, was Sie beschäftigt.

Sagen oder schreiben Sie

- Mich ärgert gerade, daß...
- Ich habe noch vergessen folgendes zu erledigen...
- Ich habe Zweifel, daß ich das kann...
- Usw.

Die Zeugen – die fiktiven Personen oder Notizzettel – bewahren das, was Sie im Moment beschäftigt, und verschaffen Ihnen so (ähnlich wie bei einer Beichte) Freiraum. Nach den Wahrnehmungen können Sie auf die »Zeugen« zurückgreifen und sie befragen. Die Zeugen werden Ihnen (manchmal etwas verändert, wie bei Zeugenaussagen üblich) Ihre Aussagen zurückspiegeln.

Wie der Name »Energy Conversion Box« (Conversion = Umwandlung) schon sagt, kommen die Dinge, die Sie hineingegeben haben, später etwas verwandelt wieder hervor. Vielleicht ist plötzlich gar kein Ärger mehr da, der Termin ist gar nicht mehr so wichtig und das Problem hat begonnen, sich zu lösen. Ähnlich wirkt auch die Anwendung des »Freiraum schaffen« oder die »Zeugentechnik«. Dadurch, daß wir die Dinge nicht verdrängt haben, sondern Ihnen Aufmerksamkeit schenkten, und sei es nur für Sekunden, haben sie sich oft ein Stück weit verwandelt.

Schaffen Sie sich vor der Wahrnehmung Freiraum durch die Befriedigung körperlicher Bedürfnisse und durch eine oder mehrere der Techniken »Freiraum schaffen«, »Energy Conversion Box«, »Zeugentechnik«.

Die medialen Wahrnehmungszonen

> Intuition ist ein Wissen über die Wirklichkeit, ohne daß der Wissende weiß, wie er zu diesem Urteil gekommen ist.
>
> *Aristoteles*

Gewiß haben Sie schon einmal von Reflexzonen etwa an der Fußsohle oder in der Handfläche gehört, die mit bestimmten Organen im Körper in Resonanz stehen. So gibt es im Körper auch Ansprechpunkte für die erweiterte innere Wahrnehmung – die medialen Wahrnehmungszonen.

Das mediale Sehen

Wir hatten schon in den vorangegangenen Übungen bemerkt, daß sich die Aufmerksamkeit nach oben bewegt, wenn man innere Bilder erzeugt.

Wenn Sie mit offenen Augen horizontal in die Ferne blicken, ergibt sich – obgleich wir zwei Augen haben – ein einziges Gesichtsfeld in Form eines Ovals. Es besitzt ein virtuelles Zentrum, das sich etwa zwischen den Augen an der Nasenwurzel befindet.

Schließen Sie die Augen und lassen Sie das soeben betrachtete Bild vor ihrem inneren Auge neu erstehen. Erneut werden die Augen leicht

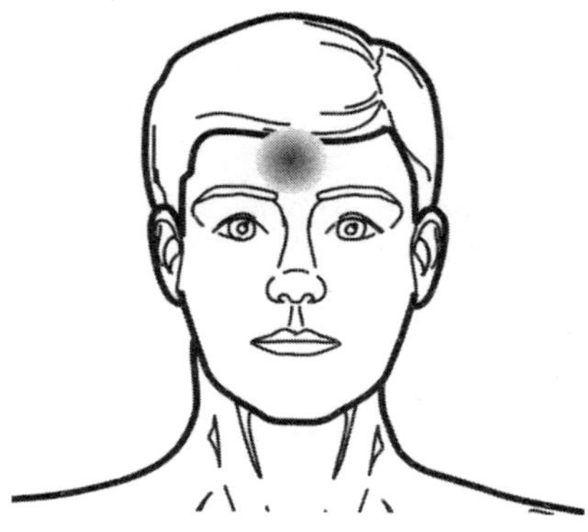

Abb. 10: Der Ansprechpunkt für das »mediale Sehen« im Stirnbereich

nach oben wandern, und Sie werden ein virtuelles Bild vor sich schweben sehen.

Wo befindet sich nun das Zentrum dieses virtuellen Bildes? Es wird sich etwa zwei Finger breit über dem vorherigen Ansprechpunkt lokalisieren lassen. Dies ist der Ansprechpunkt für die mediale visuelle Wahrnehmung.

Der Punkt entspricht physiologisch etwa der Lage der lichtempfindlichen Zirbeldrüse. In der indischen Tradition entspricht dieser Punkt dem so genannten Dritten Auge, also dem sechsten Chakra.

Möchten sie nun innere Bilder z. B. von einem Ort empfangen, dann schließen Sie die Augen und lenken Sie Ihre Aufmerksamkeit auf den Ansprechpunkt der visuellen Wahrnehmung. Mit ein wenig Übung werden sehr schnell innere Bilder auftauchen. Beachten Sie auch hierbei: Je länger Sie bei den Bildern verweilen, um so stärker wird eine Assoziationskette in Gang gesetzt. (Wir werden diesen Prozeß später näher beleuchten.) Nehmen Sie also die Bilder, die zuerst, am besten innerhalb von drei Sekunden kommen.

Übung 8: Mediales Sehen

Probieren Sie nun den Umgang mit dem visuellen Ansprechpunkt: Gehen Sie real oder in Ihrer Vorstellung zu einem Ort. Schließen Sie die Augen und lenken Sie Ihre Aufmerksamkeit auf die Zone im Stirnbereich. Die auftauchenden inneren Bilder sind die Antwort des Ortes im Hinblick auf seine inneren Qualitäten.

Oder: Vergegenwärtigen Sie sich ein aktuelles Problem. Gehen Sie es zu nächst in Gedanken durch. Schließen Sie die Augen und aktivieren Sie den visuellen Ansprechpunkt. Die auftauchenden Bilder erläutern die Fragestellung auf symbolische Weise.

Oder: Aktivieren Sie den visuellen Ansprechpunkt. Gehen Sie in Gedanken zu einem nahen Ort (z. B. auf den Marktplatz). Welche inneren Bilder tauchen auf? Begeben Sie sich dann unmittelbar dorthin. Was sehen Sie dort physisch? Welche Gemeinsamkeiten gab es mit Ihren zuvor geschauten inneren Bildern?

Innere visuelle Sinneserfahrungen eignen sich hervorragend dazu, an einem Ort viele Einzelheiten zu erkennen, er ist sozusagen der genaueste der Sinne.

Eine Schwäche dieser visuellen Wahrnehmung ist aber, daß die Unterscheidung zur Imagination anfangs oft schwerfällt. Auch ist sie einer der »langsameren« Sinne. Stärker noch als bei den anderen Sinnen gilt: Die auftauchenden Bilder sind zu 90 Prozent symbolisch gemeint. Dabei können drei Arten von Symboliken auftauchen:

1.) Ein abstraktes Bild oder Symbol, wie z. B. ein Kreis, ein Dreieck, ein Baum, ein Kreuz, ein Rad o. ä. Solche Symbole sind meist kollektiver Natur und können durch die Beschäftigung mit ihrer Bedeutung (z. B. über Symbolbücher) entschlüsselt werden.

2.) Eine Erinnerung, also z. B. ein Ort, an dem Sie schon einmal waren, ein Film, den Sie gesehen haben, oder ein Ereignis, das Sie erlebt haben. Auch diese Bilder sind überwiegend symbolischer Natur. Allerdings sind sie nur persönlich zu entschlüsseln, indem Sie sich vergegenwärtigen, unter welchen Umständen Sie das Ereignis erlebt haben. Meist können Ihre Gefühle zu Ihrem Ereignis als Schlüssel für das Verständnis des Bildes dienen.

Ein solches Erinnerungsbild wird meist als unwichtig oder unpassend ignoriert oder weggedrückt, weil man nicht versteht, was das Kaffeekränzchen mit Tante Erna ausgerechnet mit dem Ort zu tun haben sollte, den man gerade untersucht.

Aber auch hier gilt: Die erste Wahrnehmung ist meist die richtige! Ignorieren Sie das Bild, so fühlt sich Ihr Bewußtsein genötigt, das Bild stärker zu interpretieren und zu umschreiben. Als Ergebnis erhalten Sie meist nur noch kompliziertere und assoziativere Bilder. Wenn Sie das Erinnerungsbild nicht verstehen, so starten Sie lieber einen neuen

Wahrnehmungsversuch, indem Sie innerlich um mehr Klarheit bitten. Nehmen Sie aber auch hier das erste auftauchende Bild!

3.) Die dritte Form schließlich kann wörtlich gemeint sein, wenn z. B. eine Zahl deutlich auftaucht. Ein solches Bild muß dann nicht weiter interpretiert werden. Solche Wahrnehmungen sind aber eher selten. Hierher gehören auch z. B. Visionen von aktuellen oder zukünftiger Ereignissen. Kinästhetiker neigen bei der visuellen Wahrnehmung zu verschwommenen, aber meist sehr gefühlsbehafteten Bildern, während der akustische Wahrnehmungstyp meist keine Einzelbilder sieht, sondern eher das »Gesamtbild versteht«. Jeder Wahrnehmungstyp hat seinen eigenen Umgang mit den verschiedenen Wahrnehmungen.

Das mediale Hören

Lassen Sie die Augen geöffnet, und lauschen Sie auf die Sie umgebenden Geräusche. Wohin geht Ihre Aufmerksamkeit (nicht Ihr Blick!)? Natürlich zu den Ohren! Nun schließen Sie die Augen, und lauschen Sie wieder einer inneren Melodie.

Wohin geht nun Ihre Aufmerksamkeit? In der Regel bewegt sie sich wiederum leicht nach oben zu einer Zone über den Ohren. Dies sind die Ansprechpunkte der akustischen Wahrnehmung (Abb. 11). Physiologisch liegen hier die Schläfenlappen.

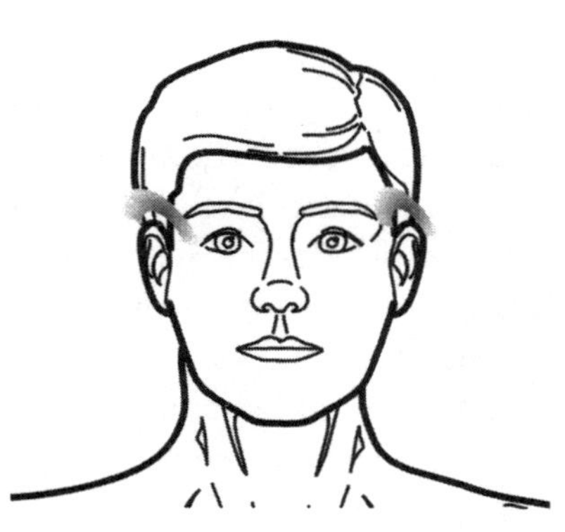

Abb. 11: Die Ansprechpunkte für das »mediale Hören« über den Ohren

Wenn Sie an einem Ort – oder zu einem bestimmten Problem – eine innere akustische Wahrnehmung haben möchten, so konzentrieren Sie sich auf den Ort oder das Problem, schließen Sie die Augen und lenken Sie Ihre Aufmerksamkeit auf den Bereich über den Ohren. Achten Sie auf verbale oder musikalische Wahrnehmungen. Leider können zu Anfang derartige Eindrücke leicht mit aktiven Gedanken verwechselt werden, die sich ja ebenfalls meist verbal äußern.

Neigen Sie nicht dazu, innere Botschaften zu empfangen, so muß gesagt werden, daß dies der nach meiner Erfahrung am schwersten zu entwickelnde Sinn ist. Der Vorteil dieser Wahrnehmungsart aber ist, daß er sich sehr für die Analyse eines Ortes eignet, weil sich bestimmte Aspekte (vor allem unsichtbare) sprachlich oft besser ausdrücken lassen als visuell. Auch haben akustische Wahnehmungstypen häufig telepathische Eigenschaften: Sie »hören«, was andere denken, oder auch, ob sie lügen.

Übung 9: Mediales Hören

Nehmen Sie einen Ort oder ein Problem in Ihre Aufmerksamkeit und lenken Sie diese dann auf den Bereich über den Ohren.

Achten Sie auf nun auftauchende Gedanken, aber auch auf akustische Eindrücke wie Geräusche und Töne.

Oder: Stellen Sie sich bewußt eine Frage, die Sie beschäftigt. Aktivieren Sie die akustische Wahrnehmungszone über den Ohren und achten Sie auf die Antwort.

Oder: Gehen Sie wieder in Gedanken zu dem naheliegenden Ort. Aktivieren Sie die Zone für das mediale Hören und achten Sie auf Geräusche, Worte, Sätze. Begeben Sie sich danach unmittelbar an diesen Ort. Was ist dort zu hören? Gab es Aussagen, die den Ort beschrieben haben? Stimmen vorherrschende Geräusche überein?

Das mediale Fühlen

Wir haben es schon in unserer Sprache: Wir bekommen bei der Betrachtung eines Problems Bauchschmerzen, haben ein komisches (oder gutes) Gefühl im Bauch oder treffen eine Bauchentscheidung.

In der Tat findet sich der Wahrnehmungsbereich des inneren Fühlens im Bauchraum, genauer gesagt, im Bereich des Solarplexus (Abb. 12). Wieder korrespondiert diese Zone mit einem Chakra, dem Sonnengeflecht. Interessant ist, daß wir in unserem Darmtrakt eine ungeheure Anzahl autonomer Zellen besitzen. Wir tragen sozusagen ein »Bauchhirn« mit uns herum.

Das Fühlen ist gewissermaßen der natürlichste der Sinne und damit auch vergleichsweise einfach zu entwickeln. Hervorragend lassen sich

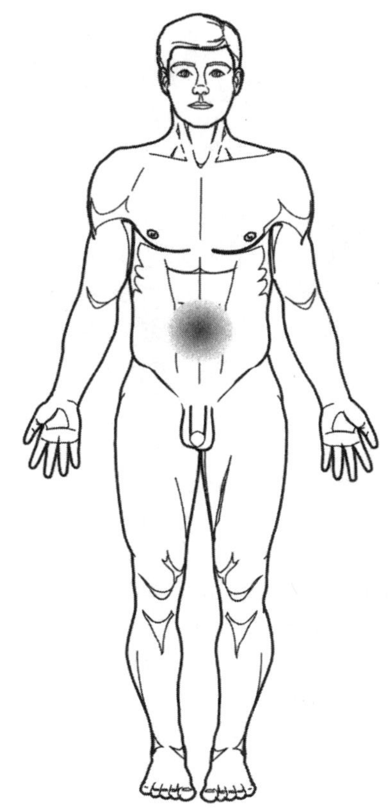

Abb. 12: Der Ansprechpunkt für das »mediale Fühlen« im Bereich des Solar Plexus

damit geomantische Energie-Erscheinungen erfahren (wie z.B. das Qi, der Äther). Aber auch für den praktischen Schutzaspekt ist dieser Sinn unverzichtbar. Er sagt uns sehr schnell, ob uns etwas gut tut oder nicht. Ich selbst hatte einmal ein einschneidendes Erlebnis mit diesem Sinn: Ich war mit Freunden zum Essen aus. Als wir uns trennten, wollte ich, bevor ich in die U-Bahn stieg, noch schnell zu Hause anrufen und mein Kommen ankündigen. Ich ging zu dem öffentlichen Telefon im U-Bahnbereich, doch irgend etwas fühlte sich komisch an. Ein Gefühl von *Gefahr* machte sich breit. Im Augenwinkel sah ich eine Person, doch mein *Verstand* interpretierte sie als einen Zeitungsverkäufer, die hier üblicherweise standen. So schob ich das warnende Gefühl beiseite. Kaum hatte ich jedoch den Hörer abgehoben, streckte sich von hinten ein Arm nach meiner Telefonkarte aus und zog Sie aus dem Telefon. Ich drehte mich um. Ein gut einen Kopf größerer Mann, angetrunken, mit Bierflasche in der Hand, stand da. Er wollte mir gewaltsam die Telefonkarte wegnehmen. Mein medialer Gefühlssinn hatte mich gewarnt, aber mein Verstandesbewußtsein hatte nicht darauf geachtet!

Der Nachteil dieses Sinns ist, daß er sehr schwer abzuschalten ist. Wir bekommen unwillkürlich ein Gefühl zu einer Situation. Auch ist es viel schwerer, Distanz zum Frageobjekt zu halten: Wir fühlen es sozusagen in uns, während wir es visuell oder akustisch von außen betrachten können.

Übung 10: Mediales Fühlen

Nehmen Sie eine anliegende Entscheidung in Ihre Aufmerksamkeit und gehen Sie dann mit Ihrer Achtsamkeit zum Solar Plexus. Was fühlen Sie dort? Vielleicht hilft es auch, nachzuspüren, welche der einzelnen Alternativen sich besser anfühlt.

Oder: Schließen Sie die Augen. Gehen Sie in Ihrer Vorstellung zum morgigen Tag. Aktivieren Sie den Ansprechpunkt für das mediale Fühlen. Wie fühlt sich dieser Tag morgen an? Welches Gefühl hinterläßt er? Warten Sie den nächsten Tag ab und vergleichen Sie am Abend: Das Gefühl, das der Tag hinterlassen hat, gleicht es der Wahrnehmung vom Vortag?

Das mediale Wissen

Neben den bereits genannten Wahrnehmungsbereichen für das innere oder mediale Sehen, Hören und Fühlen gibt es noch einen weiteren Sinn, der es verdient, betrachtet zu werden. Oft haben wir kein inneres Bild zu einer Sache, wir hören auch keine Botschaft und fühlen schlichtweg nichts, und dennoch wissen wir plötzlich die Lösung für ein Problem.

Dieses innere Wissen kann auch als Idee, Intuition oder sogar Prophetie bezeichnet werden. Es ist der schnellste der vier hier besprochenen Sinne – meist zu schnell: Denn bis man realisiert hat, daß dies die Wahrnehmung ist, ist sie oft auch schon vorbei. Daher empfiehlt es sich, hier besonders achtsam zu sein. Gut ist auch eine Art Countdown, ein Rückwärtszählen – vielleicht verbunden mit dem Gang in den Alphazustand, den wir später noch besprechen werden. Bei Null oder Eins achtet man sodann auf den allerersten Einfall.

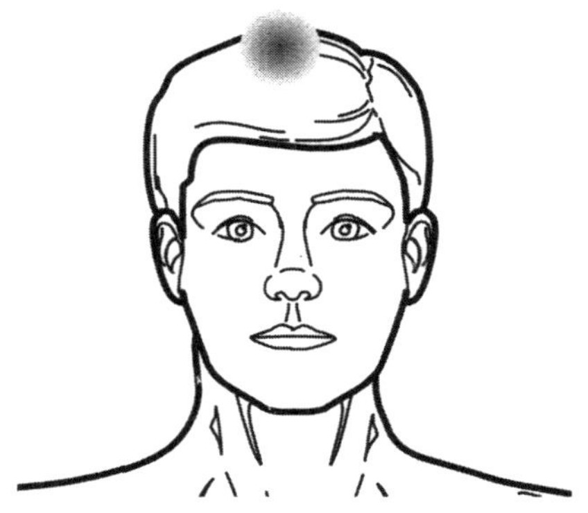

Abb. 13: Der Ansprechpunkt für das »mediale Wissen« (Intuition) am Scheitelpunkt

Die Intuition ist aufgrund ihrer Schnelligkeit hervorragend für frühe Warnungen, aber auch für die Zukunftsschau geeignet. Diese Eindrücke sind oft mit keinen weiteren Informationen verbunden. Man hat kein Gefühl dazu, kann es nicht erklären, man weiß es eben. Deshalb fällt es oft schwer, solcher Intuition zu vertrauen.

Der Wahrnehmungsbereich des inneren Wissens befindet sich am Scheitelpunkt des Kopfes, dem Kronenchakra (Abb. 13). Physiologisch befindet sich hier das Corpus Callosum, das Nervenband zwischen linker und rechter Gehirnhemisphäre – zwischen Rationalität und Ganzheitlichkeit.

Übung 11: Das mediale Wissen
Lenken Sie Ihre Aufmerksamkeit auf eine Fragestellung und Ihre Wahrnehmung auf den Scheitelpunkt. Atmen Sie tief ein und atmen Sie in drei Atemstößen aus. Dabei zählen Sie »3, 2, 1...« Was ist Ihre allererste Eingebung am Ende des letzten Ausatemstoßes?

Oder: Legen Sie die Fernbedienung Ihres Fernsehapparates bereit. Der Fernseher steht auf »Standby«. Gehen sie mit Ihrer Aufmerksamkeit zum Scheitelpunkt, der Ansprechzone für das mediale Wissen. Atmen Sie ein und in drei Atemstößen aus, zählen Sie »3,2,1...« und achten Sie auf das, was Ihnen als erstes einfällt. Dann drücken Sie die Fernbedienung auf einen willkürlichen Sender. Was wird dort gerade gezeigt? Ähnelt es in irgendeiner Weise Ihrem Einfall?

Die Ansprechpunkte (Resonanzzonen) für mediale Wahrnehmung sind:

- Stirn (Mediales Sehen)
- Über den Ohren (Mediales Hören)
- Solar Plexus (Mediales Fühlen)
- Scheitelpunkt (Mediales Wissen)

Aktivieren Sie vor der eigentlichen Wahrnehmung den passenden Ansprechpunkt, indem Sie kurz Ihre Aufmerksamkeit darauf lenken.

Erste Übung zur Fernwahrnehmung

Wir alle sind Riesen, die zu Zwergen erzogen wurden.
Robert Anton Wilson

Zum Abschluß dieses Kapitels über die fünf Sinne möchte ich Ihnen den ersten Versuch zur Fernwahrnehmung ermöglichen. Nehmen Sie es wie ein Spiel. Ihre Wahrnehmung ist niemals falsch. Nur ich kann mich blamieren, falls die besprochenen Methoden nichts taugen.

Das Objekt, das es wahrzunehmen gilt, ist durch einen Zahlencode definiert. Er dient dazu, Ihr Bewußtsein auf das »Target«, das Zielobjekt (ein Ort, Gegenstand, Phänomen oder Lebewesen), zu fokussieren, ohne Ihrem Verstand darüber zu viele Informationen zu geben. Wie und warum der Zahlencode so definiert wird, dazu werde ich später etwas mehr schreiben. Hier genügt es, daß Sie den Zahlencode so wie gezeigt aufschreiben.

Auf den eingeklappten Seiten ab S. 137 werden Sie die Auflösung finden. Bringen Sie sich nicht um die Erfahrung, indem Sie die Seiten vor dem Versuch ansehen.

Übung 12: Erste Fernwahrnehmung

Sie haben nichts anderes zu tun, als sich auf den Zahlencode zu fokussieren, am besten, indem Sie ihn aufschreiben oder aussprechen oder auch, indem Sie den Finger darauflegen. Es geht nur darum, daß Ihr Bewußtsein genau weiß, worauf es sich fokussieren soll!

- Setzen Sie sich aufrecht und bequem hin.
- Schaffen Sie »Freiraum«, nutzen Sie die »Energy Conversion Box« oder die »Zeugentechnik«.
- Schreiben Sie folgenden Zahlencode auf, sprechen Sie ihn aus und legen Sie den Finger darauf:

020202
110002

- Schließen Sie die Augen und gehen Sie mit Ihrer Aufmerksamkeit zum Scheitelpunkt. Atmen Sie tief ein und, während Sie in drei Atemstößen ausatmen, zählen Sie »3, 2, 1...«
- Achten Sie auf den ersten Gedanken, das innere Wissen unmittelbar nach dem letzten Ausatemimpuls.
- Lenken Sie sodann Ihre Aufmerksamkeit auf den Solar Plexus und achten Sie auf die Gefühle, die Sie zum Wahrnehmungsobjekt haben.
- Lenken Sie die Aufmerksamkeit auf den Bereich über den Ohren und achten Sie auf innere akustische Wahrnehmungen.
- Lenken Sie Ihre Aufmerksamkeit auf den Stirnbereich zwischen den Augen und achten Sie auf innere Bilder.

Bitte versuchen Sie *nicht*, herauszubekommen, worum es sich handelt. Akzeptieren Sie *nur* Ihre Wahrnehmung: Ein Bild, ein Geräusch oder Wort, ein Gefühl, einen Geistesblitz.

Schreiben Sie Ihre Eindrücke sorgfältig auf. Und noch einmal: Verharren Sie nicht zu lange in der jeweiligen Wahrnehmungsart! Die erste Wahrnehmung ist meist die richtige.

Öffnen Sie die Auflösung erst, wenn Sie die Übung vollständig gemacht haben, und schauen Sie sich auch nur die Auflösung zu diesem Zahlencode an! Wenn Sie die Auflösungen zu früh betrachten, werden die Fernwahrnehmungsübungen nutzlos und Sie verlieren den wichtigsten Lernaspekt dieses Buches!

Wenn Sie wollen, können Sie die Vorlage auf der Folgeseite nutzen, um Ihre Wahrnehmungen zu notieren.

Abbildung 14:

020202
110002

Wahrnehmungen:

1. Mediales Wissen (Aufmerksamkeit auf den Scheitelpunkt):

---

2. Mediales Fühlen (Aufmerksamkeit auf den Solar Plexus):

---

3. Mediales Hören (Aufmerksamkeit auf den Bereich über den Ohren):

---

4. Mediales Sehen (Aufmerksamkeit auf den Bereich zwischen den Augenbrauen/»Drittes Auge«):

Innere Bilder

> Die Seele denkt nie ohne ein Bild.
>
> *Aristoteles*

Wie ein inneres Bild entsteht

Wie bereits angeklungen ist (siehe Seite 25, Die Erschaffung von Wirklichkeit), nehmen wir auch in der physisch-optischen Alltagswahrnehmung Objekte nicht als Ganzes wahr, sondern sehen verschiedene Fragmente, die in unterschiedlichen Hirnarealen wahrgenommen werden. Diese werden erst anschließend zu einem Gesamtbild zusammengefügt. Wir sehen etwas Senkrechtes, etwas Rotes, etwas Rundes, hören etwas Klingendes und fügen das Bild (und das Geräusch) – gemäß der sich aus unserer Erfahrung ergebenden Wahrscheinlichkeit – als Kirchturm mit Uhr und Glocke zusammen. Im Technical Remote Viewing (TRV) werden diese Wahrnehmungsfragmente *Rohdaten* genannt.

Das Technical Remote Viewing (wörtlich: Technische Fernwahrnehmung) ist eine unter anderem im Stanford Research Institute entwickelte Methode, um für jedermann Hellsehen zu ermöglichen. In den 1970er und 80er Jahren wurden Soldaten auf diese Methode trainiert, um mit ihrer Hilfe PSI-Spionage betreiben zu können. Ihnen wurden zahlencodierte Umschläge, in denen sich Luftbilder befanden, vorgelegt, über die sie Aussagen treffen sollten – meist Aufnahmen von gegnerischen Militäranlagen. Die Zahlencodes waren zunächst die Längen- und Breitengrade des wahrzunehmenden Ortes. Später erkannte man jedoch, daß willkürliche (z. B. erwürfelte) Zahlenreihen denselben Zweck erfüllten, nämlich, das Bewußtsein auf das Zielobjekt zu fokussieren. Dabei konnte es per Zufall aber dazu kommen, daß ein Code zweimal vergeben wurde, was dann zu Irritationen des Viewers führte. So kam es zu der Systematik, die auch hier im Buch für die Trainingszielobjekte angewandt wird. Der Zahlencode besteht aus dem Datum, an dem das Zielobjekt definiert wurde (obere Reihe), sowie meiner persönlichen Viewernummer und der Nummer des Zielobjektes, das an diesem Datum definiert wurde (zweite Reihe). Wie gesagt, würde aber jeder beliebige Zufallscode dieselbe Wirkung erzielen.

Sehr deutlich wird dieser aktive Prozeß des Zusammensetzens verschiedener Rohdaten in der Beschreibung eines Wahrnehmungsvorganges durch den erfahrenen Hellseher und Mitentwickler der TRV *Joseph McMoneagle*: »Eigentlich ist es so, daß der *Remote Viewer* versucht, Symbole und Bilder aus seinem Geist in verständliche Aussagen über ein entferntes Ziel zu übersetzen. Wenn ich zum Beispiel an einem entfernten Ziel arbeite und davon in meinem Geist einen seitwärts weisenden Pfeil bekomme, könnte ich diesen als einen Schiffsbug deuten. Sehe ich später das wirkliche Ziel, dann stelle ich etwa fest, daß es kein Schiffsbug, sondern eine Kirche war. Der Wissenschaftler sieht einen Fehler, jeder Beobachter sieht einen Fehler, doch ich sehe, daß dieser liegende Pfeil Teil meines mentalen Bildes einer Kirche ist. Ich habe also nichts falsch gemacht, sondern etwas gelernt. Ob richtig oder falsch, ich lerne und gewinne hundertprozentig aus der Erfahrung«. (Joseph McMoneagle: »Mind Trek«, S. 78 f)

Unser Bewußtsein arbeitet dabei assoziativ. Es kann in Extremsituationen zu verblüffenden Wahrnehmungsverschiebungen kommen, wie *Oliver Sacks* in seinem Buch »Der Mann, der seine Frau mit einem Hut verwechselte« eindrucksvoll beschrieb. Daß die Abweichungen zwischen primärer bzw. präattentiver Wahrnehmung und bewußter Wahrnehmung nicht so kraß sind, gewährleistet der bereits beschriebene Bewußtseinsmechanismus, der die erfahrungsgemäß wahrscheinlichste Variante des Assoziationsweges bewußtmacht. Wie beschrieben, übernimmt im Gehirn der Hippokampus diese Funktion.

Wir nehmen Rohdaten wahr, die erst später assoziativ zusammengesetzt werden und ein Gesamtbild ergeben.

Übung 13: Assoziativkette (Dalmatiner)
Sehen Sie sich die merkwürdigen Bilder (Abb. 15 a, b und c) an. Sehen Sie jedes Bild einzeln an und schreiben Sie die Assoziationen auf, die Ihnen einfallen. Gehen Sie dann zum nächsten Bild und verfahren Sie ebenso.

Abb. 15 a

Diese Übung simuliert den Vorgang in unserem Gehirn, der natürlich blitzschnell vor sich geht. Sie erhalten aufgrund der Bildfragmente (Rohdaten) sofort Assoziationen. Bis sich auf Abb. 15c das Gehirn für eine Interpretation entscheidet.

Die Insel der Gegenwart

Der einzige Film, den wir sehen können, ist der,
der in unserem Gehirn abläuft.
Ramtha

Wir glauben, die Realität als einen kontinuierlichen »Film« wahrzunehmen. Die Eindrücke, die für uns die »Wirklichkeit« ergeben, liegen aber oft zeitlich weit auseinander, und wir nehmen sie in »Paketen« von rund 3 Sekunden Dauer wahr. Diese »Inseln der Gegenwart« werden dann zusammengefügt und zu einem scheinbaren Wirklichkeitsfluß verschmolzen.

Unmittelbar nach diesem Wirklichkeitstakt fängt das Bewußtsein an, auf Erinnerungen und Erfahrungen zurückzugreifen und das Wirklichkeitspaket zu bewerten, zu interpretieren und einzuordnen. Es entstehen z. B. assoziative innere Bilder. Der Gehirnforscher Günter Haffelder sagt dazu: »Nicht nur der reflektierte Anteil, den ein Objekt abstrahlt, wird dabei wahrgenommen, sondern die rechte Hemisphäre (die intuitive Seite des Gehirns, Anm. d. A.) nimmt auch den Anteil wahr, den das

Abb. 15 b

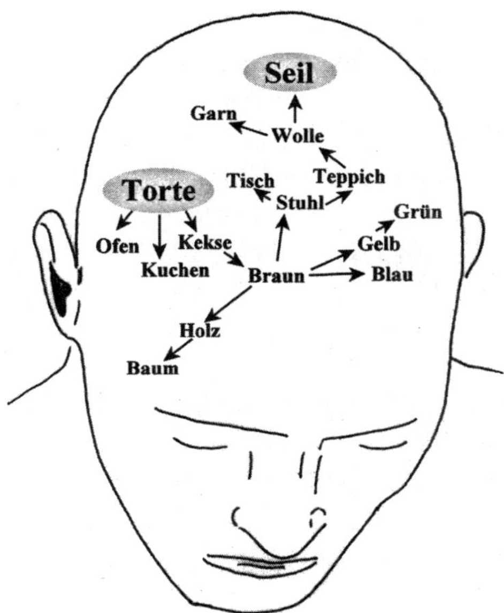

Abb. 16: Bedeutungsvernetzung. Ein präattentiv wahrgenommenes Wort oder Bild (»Torte«) setzt eine Assoziationskette in Gang, die bis zum bewußt wahrgenommenen Wort oder Bild »Seil« reichen kann.

Objekt direkt abstrahlt. Diese Informationen werden normalerweise durch den Drei-Sekunden-Takt des Bewußtseins ausgeblendet.«

Läßt man diese Interpretation nicht oder nur wenig zu, kann man die Eindrucksfragmente einzeln stehen lassen und anschließend bewußt neu interpretieren. Indem man die ersten Wahrnehmungen schnell festhält, werden die Filterfunktionen (z. B. des Hippokampus) umgangen, und man gelangt zur authentischen Wahrnehmung.

Unser Bewußtsein fügt also unsere Wahrnehmungen zu »Wirklichkeitspaketen« von 2,9 Sekunden Dauer zusammen. Unser Gehirn nimmt rund 600 000 Informationseinheiten pro Sekunde auf, folglich stecken bis zu 1,8 Millionen Informationseinheiten in jedem Wirklichkeitspaket. Doch nur 5 bis 9 Einheiten werden uns davon als Wahrnehmung bewußt. Knapp 3 Sekunden später werden die primären Wahrnehmungen bereits miteinander verflochten, interpretiert, zerlegt, nach Wahrscheinlichkeit sortiert, vergessen oder treten als Dejavu-Erlebnis erneut ins Bewußtsein. Deshalb sind die meisten Wahrnehmungseindrücke bei »medialen Wahrnehmungen« symbolisch zu verstehen. Sie spiegeln unsere inneren Filter wider, die ich am Anfang dieses Lehrgangs beschrieben habe, also unsere Erfahrungen, Interessen und Abneigungen. Die »Symbolik« eines inneren Bildes kann sehr weit reichen.

Nehmen wir an, in einer medialen Wahrnehmung kommt es zur präattentiven Wahrnehmung des Worts »Torte«. Dies setzt die Assoziationskette Torte – Kuchen – Braun – Tisch – Stuhl – Teppich – Wolle in Gang, die bis zum bewußt wahrgenommenen Wort »Seil« reichen kann.

Nimm die ersten Wahrnehmungen, die kommen (am besten jene, die innerhalb von drei Sekunden bewußtwerden!).

Innere Bilder sind zu 90% symbolisch.

Abb. 15 c

Über den Umgang mit inneren Bildern

> Die Kraft und Lebendigkeit mentaler Bilder
> kann unermeßlich groß sein.
> *Win Wenger*

Wenn Sie die erste Fernwahrnehmungsübung (Übung 12) gemacht haben, so hatten Sie vielleicht auch Bilder, die nicht sofort zu deuten sind, etwa von einem Auto oder einem Toaster. Waren diese »falsch«? Meiner Ansicht nach ist Wahrnehmung immer richtig. »Falsch« sind unsere Schlüsse und Interpretationen. Wie aber kann man mit derartigen Bildern umgehen? Hierzu gibt es verschiedene Wege:

Möglichkeit 1: Innere Bilder und Filme vermeiden

Das Technical Remote Viewing (TRV) ist eine Methode, die zur PSI-Spionage entwickelt wurde. Hier führt das sogenannte »Protokoll« den »Viewer« (den Wahrnehmenden) in verschiedenen Stufen zu einem umfassenden Wahrnehmungsergebnis. Bei dieser Methode werden innere Bilder möglichst vermieden. Diese sind fast immer symbolisch gemeint. Da man bei der Spionage möglichst detaillierte und nachprüfbare Fakten brauchte, führen Symbolbilder eher in die Irre. Bei der Wahrnehmung aufkommende innere Bilder werden im TRV daher als »*Analytic Overlays*« (AOL), als »Analytische Überlagerungen« unseres Bewußtseins verstanden. Man kann diesen Prozeß weitgehend unterbinden, indem man z. B. beim TRV spontan auf bestimmte Fragestellungen antwortet. Länger als drei Sekunden sollten solche »Kurzwahrnehmungen« nicht andauern, da das Wirklichkeitspaket danach interpretiert wird.

Man kann sich dieses Vorgehen zunutze machen, ohne ganz auf innere Bilder zu verzichten: Ein Weinverkoster z. B. nimmt nicht etwa den Wein in den Mund und läßt ihn dann minutenlang auf der Zunge liegen, vielmehr »beißt« er den Wein. Mit diesem schmatzenden Schmekken wird der Wahrnehmungsimpuls ständig erneuert. Der Weinverkoster nimmt sozusagen viele Male hintereinander wahr.

Ähnlich verhält es sich mit unserer inneren Wahrnehmung. Verweilen wir zu lange bei einem Bild, so setzt sich eine Assoziationskette in Gang, die in der Regel immer weiter vom eigentlichen Urimpuls wegführt. Daher: Nehmen Sie das erste Bild, das auftaucht. Starten Sie, wenn es nicht eindeutig ist, lieber mehrmals neue Versuche und vergleichen Sie später die verschiedenen Bilder miteinander!

Mindestens ebenso wichtig ist: Schieben Sie eine gemachte Wahrnehmung *niemals* als Unsinn beiseite. Das Unbewußte versucht, Ihnen mit diesem Bild etwas zu sagen. Wenn Sie es verdrängen, füllt sich lediglich Ihr »Arbeitsspeicher«, der auch als »Assoziativspeicher« bekannt ist. Auch bei einer Verdrängung kommt es somit zu immer anderen Bildvarianten, die oft immer weiter weg führen. Daher: Nehmen Sie Ihre Wahr-nehmung als wahr an!

Nehmen Sie das erste auftauchende Bild.
Starten Sie mehrmals neue Versuche.
Schieben Sie keine Wahrnehmung beiseite.
Nehmen sie jede Wahrnehmung an.

Möglichkeit 2: Inneren Bildern Nachspüren (Focusing)

Was ist aber, wenn ich ein Bild erhalten habe, das ich nicht verstehe – z. B. den erwähnten Toaster? Hier kann vielleicht eine Methode weiterhelfen, die ich aus dem Focusing, einer Methode zur Empfindungsklärung, entlehnt und als Wahrnehmungstechnik weiterentwickelt habe. (Als Kinästhetiker, der ich bin, sagt sie mir persönlich sehr zu!)

In den 1960er Jahren interessierte sich Professor Eugene Gendlin für die Frage, warum eine Psychotherapie einigen Menschen hilft und anderen nicht. Dazu wurden Hunderte Therapiesitzungen auf Tonband aufgenommen und anschließend analysiert. Dabei machte Gendlin die Entdeckung, daß erfolgreiche Therapien sich dadurch auszeichneten, daß der Klient zu einem bestimmten Zeitpunkt der Sitzung damit begann, seinen Sprachduktus zu ändern: Er verlangsamte sein Sprechtempo, drückte sich weniger präzise aus und begann nach Worten zu suchen, um zu beschreiben, was er gerade spürte: »Da ist so ein komisches Gefühl... mmmhhh... wie soll ich das beschreiben... Es ist irgendwie eng. – Nein! ›eng‹ paßt nicht, es ist vielmehr ›drückend‹ ...« Die erfolgreichen Klienten waren mit ihrem so genannten »Felt Sense« in Kontakt gekommen.

Focusing ist somit eine Methode, die entdeckt, nicht erfunden wurde, indem man beobachtet hat, was Menschen tun, wenn sie mit ihrem körperlichen Gefühlsraum in Kontakt sind. Wir alle sind mit der Fähigkeit geboren, zu wissen, wie wir uns fühlen. Im Gehirn ist das limbische System dafür verantwortlich. Der »Felt Sense« ist jener – oft zunächst diffus – gefühlte Sinn, jenes Wahrnehmen eines inneren Zustandes, der oft mit äußeren Ereignissen in Beziehung steht. Zumeist nehmen wir den »Felt Sense« (Sie gestatten, daß ich bei diesem englischen Ausdruck bleibe) im Becken-, Bauch-, Brust- oder Halsraum wahr. Aber er kann auch, so absurd das klingen mag, hinter, über oder neben unserem physischen Körper wahrgenommen werden. Unser Körper spricht über diesen »Felt Sense« mit uns. Der Verstand mag *schlau* sein, aber *weise* ist er nicht. Der Verstand dient dazu, die Vergangenheit abzuspeichern und auf dieser Grundlage Vermutungen über die Zukunft anzustellen. Der Körper dagegen ist weise. Er hat die Fähigkeit, in der Gegenwart präsent zu sein und somit bewußtzumachen, was tatsächlich auf uns wirkt.

Bevor wir das Focusing als Methode einsetzen, um innere Bilder zu entschlüsseln, zunächst kurz eine Vorübung, die den Focusingprozeß deutlichwerden läßt.

Übung 14: Der Focusing-Prozeß

Lenken Sie Ihre Aufmerksamkeit in den Körper, besonders in Hals, Brust und Bauchraum. Sitzen ist dabei günstiger als liegen, damit Sie nicht aus Versehen einschlafen.

Schaffen Sie sich Freiraum (Übung 5)

Für diese Übung nehmen Sie sich am besten eine anstehende Entscheidung oder eine Reaktion auf eine Person oder ein Ereignis als »Thema«.

Machen sie ein paar tiefe Atemzüge und entspannen Sie sich. Schließen Sie die Augen und lassen Sie den Blick nach unten gleiten.

Welches Gefühl erzeugt die anstehende Entscheidung (das Erlebnis)? Spüren Sie in Ihren Hals hinein, so, als wollten Sie nachspüren, ob Sie

Halsweh haben. Lassen Sie die Aufmerksamkeit tiefer in die Brust und dann in den Bauch gleiten. Wenn Sie auf ein Gefühl stoßen, erkennen Sie es innerlich an und begrüßen Sie es. Achten Sie darauf wie »es« auf den Gruß reagiert.

Wenn Sie vor lauter Entspannung wegdriften, bewegen Sie sich ein bißchen und öffnen Sie vielleicht kurz die Augen. Kehren Sie dann zu dem Körpergefühl zurück.

Nun beschreiben Sie »es«. Erzählen Sie sich selbst, wie sich der »Felt Sense« in Ihrem Körper anfühlt, so als würden Sie es einer anderen Person schildern. Wenn Sie eine Beschreibung gefunden haben, spüren Sie nach, ob sie paßt: »Da ist so ein Gefühl... ein Gefühl des Drucks [spüren]... Nein, »Druck« paßt nicht, es ist vielmehr ein Widerstand...«

Erspüren Sie weiter, bis die Beschreibung paßt, und achten Sie darauf, ob sich das Gefühl nun verändert oder andere Gefühle hinzukommen... Manchmal bringt das Finden der richtigen Beschreibung ein Gefühl der Entspannung oder Erleichterung. Genießen Sie es... und machen Sie dann weiter.

Pendeln Sie ständig zwischen Beschreibung und Nachspüren, ob es paßt. Wenn die Beschreibung paßt: Ist da noch mehr? Alle Wörter, Sätze, Bilder, die vom Felt Sense kommen, müssen zur Bestätigung auch wieder an ihn zurückgeschickt werden. Im Falle einer anliegenden Entscheidung können Sie beide Alternativen so überprüfen. Was sagt Ihr Körper zu den Varianten? Welche fühlt sich richtiger, besser an, egal was der Verstand dazu sagt?

Wenn wir das Focusing als Methode nutzen wollen, um innere Bilder zu entschlüsseln, ist das Pendeln zwischen Felt Sense, dem Gefühl und der Beschreibung und wieder zurück zum Felt Sense, der Weg, der das Bild entschlüsseln wird. Die passende Beschreibung erklärt das Bild, wie auch die weiteren auftauchenden Beschreibungen.

Die Einzelschritte des Focusing-Prozesses sind:

- Freiraum schaffen.
- In den Körper hineinspüren.
- Das Thema anklingen lassen (z.B. das wahrgenommene Bild).
- Ein Gefühl finden.
- Die beste Beschreibung dafür finden.
- Im Körper überprüfen, ob die Beschreibung paßt.

Wir haben einen »Gefühlsraum«, der sich in der Regel im Bereich unseres Rumpfes befindet. Zu allem, was wir denken, tun, hören usw. entstehen in diesem Raum Gefühlseindrücke, die in Beziehung stehen zu anderen Eindrücken, die wir irgendwann einmal gemacht haben. Um nun zu einer Deutung des Symbolbildes zu kommen, nehmen Sie das Bild vor Ihr inneres Auge und achten darauf, welche Gefühle sich in Ihrem Gefühlsraum melden. Achten Sie auf Reaktionen des Körpers, wie auch auf Emotionen, die sich an bestimmten Körperstellen manifestieren. Ist eine solche Reaktion aufgetreten, so gehen Sie mit Ihrer Aufmerksamkeit an diese Körperzone. Spüren Sie hinein. Wie würden Sie das Gefühl beschreiben? Sprechen Sie die Beschreibung laut aus und geben Sie sie damit zurück an Ihren »Felt Sense«. Stimmt die Beschreibung?

Möglicherweise taucht nun eine weitere Körperreaktion – vielleicht an einer anderen Stelle – auf, oder es steigt eine Erinnerung in Ihnen empor. Legen Sie dann erneut Ihre Aufmerksamkeit auf diese Erinnerung und achten Sie darauf, wie es Ihnen in der entsprechenden Situation gegangen ist.

Auf diese Weise werden Sie tiefer und tiefer in den Kaninchenbau Ihrer eigenen Matrix gezogen. Alle auftauchenden Emotionen, Körperreaktionen und Erinnerungen haben dabei mit dem Ausgangsbild (»Toaster«) zu tun. Sie »erklären« Ihnen, was hinter dem Bild an Qualitäten steckt. Möglicherweise führt Sie der »Toaster« zu einer Erinnerung aus Ihrer Kindheit. Ein ähnliches Objekt stand vielleicht bei Ihrer Großmutter, und diese wiederum steht für eine bestimmte Qualität, die Sie sowohl mit Ihrer Großmutter als auch mit dem eigentlichen Wahrnehmungsobjekt in Verbindung bringen. Wichtig auch hier: Schieben Sie keine Wahrnehmung weg! Nehmen Sie sie immer als wahr an!

Fühlen Sie einem inneren Bild in Ihrem Körper nach.

Gehen Sie mit Ihrer Aufmerksamkeit an den Ort im Körper, wo sich ein Gefühl meldet.

Finden Sie eine Beschreibung für das Gefühl.

Paßt die Beschreibung?

Achten Sie auf weitere Reaktionen des Körpers und auf aufsteigende neue Bilder und Erinnerungen.

Mit welchem Gefühl haben diese Bilder zu tun?

Möglichkeit 3: Entleerung des Assoziativspeichers

Jedes nicht erkannte oder gar weggeschobene Bild wandert in den sogenannten Assoziativspeicher. Man kann ihn sich wie den Speicher bei einem Computer vorstellen: Auch Daten, die ich in den Papierkorb lege, rauben Speicherplatz. Folgende Methode hilft, den Assoziativspeicher zu entleeren, und kann außerdem dazu benutzt werden, den Sinngehalt hinter einem Symbolbild zu erkennen. Diese Methode ist ebenfalls dem TRV entlehnt und vereinfacht:

- Das innere Bild wird aufgeschrieben.
- In Folge wird nun alles aufgeschrieben, was einem zu diesem Bild einfällt. Dabei sollte wiederum keine der Assoziationen zurückgehalten werden!
- Die Assoziationen werden sortiert aufgeschrieben nach:

  a) Objekten

  Objekte sind Dinge, die gesehen oder angefaßt werden können. Objekte können als solche physischen Gegenstände verstanden werden, die z. B. am Ort gegenwärtig sind und darum geholfen haben, das Bild im Geiste entstehen zu lassen.

  b) Attributen

  Attribute sind Eigenschaften oder Qualitäten einer Person oder Sache. Attribute gelten für jene Merkmale des Ortes, die zur Bildentstehung beitrugen.

BEISPIEL

Inneres Bild (AOL): **Boot**

OBJEKTE	ATTRIBUTE	THEMEN	PRÄDIKATE
Schiffsschraube			
Wasser			
Tau			
Ruder			
Bullauge			
Anlegestelle			
Hafen			
Rettungsring			
Anker			
	weit		
	groß		
	mächtig		
	rauschend		
	schwimmend		
	verbindend		
	überquerend		
	gefährlich		
		Transport	
		Prestige	
		Reise	
		Entdeckung	
		Handel	
		Urlaub	
		Katastrophe	
			Untergang
			Freude
			Erholung
			Profit
			Angst
Waffe			
	bedrohlich		
		Gefahr	

Abb. 17: Die Methode zur »Entleerung des Assoziativspeichers« aus dem TRV-Protokoll läßt sich auch zur Entschlüsselung innerer Bilder einsetzen.

c) Themen

Themen werden als etwas definiert, mit dem z. B. in einer Diskussion umgegangen wird. Themen sind sozusagen »Ausstrahlungen«, die dem Beschreiben des Ortes dienen können. Sie können auch Abstraktes, Nicht-Greifbares beinhalten oder es können spezifischere Merkmale sein, die zu tun haben mit der Funktion, dem Zweck, der Natur oder Aktivitäten der Bewohner des Ortes.

Das Aufschreiben erfolgt nach einer bestimmten Methodik.

In unserem Beispiel ist das innere Bild ein Schiff oder Boot. Als Objekte fallen dazu z. B. ein: Schiffsschraube, Wasser, Tau, Ruder, Hafen, Rettungsring oder Anker. Als Attribute: weit, groß, mächtig, rauschend, schwimmend, gefährlich. Und als Themen: Transport, Prestige, Reise, Handel, Katastrophe.

Anschließend fallen uns möglicherweise erneut Prädikate, Attribute und Themen ein. Diese werden wiederum in ihre Spalten geschrieben, aber so, daß man die vorangegangene Assoziation erkennt, auch wenn sie in einer anderen Spalte steht. z. B.: Waffe, bedrohlich, Gefahr...

Das ganze wird solange fortgeführt, bis beim besten Willen keine weiteren Assoziationen auftauchen. Der Assoziativspeicher ist leer! Erst jetzt betrachten Sie, was Sie geschrieben haben. In unserem Beispiel fällt auf, daß stets Assoziationen auftauchten, die mit Gefahren und Unfällen verbunden waren – ein Indiz dafür, daß sich im Symbolbild »Boot« wohl eher die Titanic als ein Ruderboot verbarg. So steht dieses Bild möglicherweise symbolisch für einen Gefahrenaspekt. Die Analyse dieser Assoziationskette bedarf dabei allerdings ebenfalls des Einsatzes Ihrer Intuition. Achten Sie beim Lesen Ihrer Niederschrift darauf, was Ihnen ins Auge sticht, was Ihnen auffällt. Ihr Unbewußtes sagt damit: »Hier liegst du richtig!«

Durch Aufschreiben aller Assoziationen zu einem auftauchenden Bild, getrennt nach Objekten, Attributen und Themen und durch das Hervorheben besonderer Auffälligkeiten, wird der Assoziativspeicher geleert und das Ausgangsbild umschreibende Themen und Attribute entdeckt.

Möglichkeit 4: Die Assoziationsmethode

Bereits bei der »Entleerung des Assoziativspeichers« hatten wir gesehen, daß unser »Speicher« jede Menge vernetzte Symbole und Bilder als Assoziationen enthält, die zunächst gar nicht bis in unser Bewußtsein dringen. Dabei kann der Assoziativspeicher auch Bilder und Wörter enthalten, die der äußeren Realität des wahrgenommenen Objektes sehr nahe kommen. Die nun vorgestellte »Assoziationsmethode« erinnert, zumindest in einer Phase, an das Aufsagen von Mantren. Sie ist vor allem für Typen geeignet, denen das »mediale Wissen«, die Intuition, leichtfällt.

Ablauf:

Phase 1:

- Schreiben Sie das empfangene Bild (oder Wort) auf.
- Schreiben Sie wahllos alle Assoziationen auf, die Ihnen zu diesem Bild einfallen. Schreiben Sie sie einfach hintereinander, ohne Aufzählstrich, Kommas oder dergleichen. Lassen Sie Ihrer Assoziation freien Lauf. Ob das, was Ihnen einfällt, mit dem ursprünglichen Bild zu tun hat oder nicht, spielt keine Rolle und wird nicht bewertet. Schreiben Sie *alles* auf.

Phase 2:

- Wenn Ihnen nichts mehr einfällt und sich eine wunderbare Leere in Ihrem Kopf breitmacht, gehen Sie zu Phase 2 über.
- Lesen sie alle Worte laut vor. Mindestens drei Mal sollten Sie alle Worte laut wiederholen.
- Streichen Sie ab dem vierten Durchgang alle Worte heraus, die Ihnen spontan unwichtig erscheinen, oder unterstreichen Sie Worte, die Sie »anspringen«, die Ihnen intuitiv wichtig erscheinen. Lesen Sie dabei ebenfalls alle Worte laut vor.
- Wiederholen Sie das Vorlesen und Streichen der Wörter, indem Sie immer schneller lesen. Es kann wie das murmelnde Aufsagen von Mantren klingen.
- Streichen Sie alle Worte, bis beispielsweise nur noch fünf Worte übrig sind.
- Was haben diese fünf Worte gemeinsam? Was ist ihr Grundaspekt? Können diese fünf Worte das Ausgangswort/bild erklären? Umschreiben?

Die Assoziationsmethode gibt Ihnen eine Hilfestellung, ein empfangenes Bild näher zu umschreiben und in seiner Bedeutung zu erklären. Das empfangene Bild »Baum« z.B. kann in den Worten »Leben«, »Kraft«, »Herbst«, »Ernte« und »Tod« münden. Wir erkennen also hinter dem Bild des Baumes die Thematik »Leben und Tod« oder »Werden und Vergehen«. Das Bild wurde auf eine andere Abstraktionsebene gehoben, die dem Zielobjekt viel näher liegt.

Durch Aufschreiben aller Assoziationen zu einem empfangenen Bild und anschließendes intuitives Streichen wird das ursprüngliche Assoziationsbild oder -wort auf eine neue Abstraktionsstufe gehoben und umschrieben.

Zweite Übung zur Fernwahrnehmung

Nichts ist im Verstand, was nicht zuvor in der Wahrnehmung wäre.

Arabisches Sprichwort

Sind Sie jetzt bereit für eine weitere »Übung des Hellsehens«? Nun, hier ist sie. Diesmal ist unser Übungsschwerpunkt das mediale Sehen, bzw. der Umgang mit dem erhaltenen Bild. Natürlich können Sie die anderen Kanäle mit nutzen.

Und Sie wissen ja: Sehen Sie sich die Auflösung erst an, wenn Sie die Übung gemacht haben!

Übung 15: Zweite Fernwahrnehmung

- Setzen Sie sich aufrecht und bequem hin.
- Schaffen Sie »Freiraum«, nutzen Sie die »Energy Conversion Box« oder die »Zeugentechnik«.
- Schreiben Sie folgenden Zahlencode auf, sprechen Sie ihn aus und legen Sie den Finger darauf:

300102
110010

Gehen Sie mit Ihrer Aufmerksamkeit zum Zentrum des medialen Sehens auf der Stirn und nehmen Sie das erste Bild, das auftaucht. Schieben Sie keine Wahrnehmung beiseite. Starten Sie lieber mehrmals Wahrnehmungsversuche.

Wenn Sie ein Bild erhalten haben, versuchen Sie es zu »entschlüsseln«:

A Focusing-Prozess

Hier noch einmal der Ablauf:

- Fühlen Sie einem inneren Bild in Ihrem Körper nach.
- Gehen Sie mit Ihrer Aufmerksamkeit an den Ort im Körper, wo sich ein Gefühl meldet.
- Finden Sie eine Beschreibung für das Gefühl.
- Paßt die Beschreibung?
- Achten Sie auf weitere Reaktionen des Körpers und auf aufsteigende neue Bilder und Erinnerungen.
- Mit welchem Gefühl haben diese Bilder zu tun?

B Assoziativspeicher

Versuchen Sie auch die Entschlüsselung durch die Assoziativspeicher-Methode:

Durch Aufschreiben aller Assoziationen zu einem auftauchenden Bild, getrennt nach Objekten, Attributen und Themen und durch das Hervorheben besonderer Auffälligkeiten werden das Ausgangsbild umschreibende Themen und Attribute entdeckt.

C Assoziationsmethode

Durch Aufschreiben aller Assoziationen zu einem empfangenen Bild und anschließendes intuitives Streichen wird das ursprüngliche Assoziationsbild oder -wort auf eine neue Abstraktionsstufe gehoben und umschrieben.

Versuchen Sie, nachdem Sie alle drei Methoden mit dem empfangenen Bild/den Bildern probiert haben, die Kerneigenschaften des Zielobjektes zu benennen!

Dreh- und Angelpunkte

Der Geist ist viel zu eng, als daß er sich selbst enthalten könnte. Wo kann jedoch der Teil von ihm sein, den er nicht enthält? Befindet er sich außerhalb und nicht in ihm? Wie kann es also sein, daß der Geist sich nicht selbst begreifen kann? Ein großes Staunen steigt in mir auf, ich bin zutiefst verwundert.

Augustinus

Aristoteles unterschied die sinnliche Wahrnehmung Aisthesis von der geistigen Wahrnehmung Noesis, das »einsichtige Erfassen«. Für ihn war die sinnliche Wahrnehmung, die als Zugangskanäle unsere Sinne Sehen, Hören, Riechen, Schmecken und Fühlen benutzt, Grundlage der geistigen Wahrnehmung. In dieser werden die materiellen Dinge z. B. mit Hilfe der Phantasia (Vorstellung) in ihrem Wesensaspekt erfaßt. Aristoteles erkennt damit wesentliche Mechanismen unserer Wahrnehmung, die auch die moderne Wahrnehmungspsychologie in ähnlicher Form schildert: Die eigentliche Wahrnehmung geschieht sozusagen im Kopf, in unserem Bewußtsein. Es interpretiert mittels der Vorstellungskraft die sinnlichen Reize gemäß unseres Wirklichkeitsbildes.

Die präattentive Aufmerksamkeit

Das Bewußte im Menschen dient dem Unbewußten. Es ist sich dessen aber nicht bewußt, obschon es aus unserer Sicht doch das Bewußte ist.

Christa Schyboll

Bevor wir bewußt sehen oder hören, werden bestimmte Sinnesqualitäten ausgewählt. Diese vorbewußte, »präattentive« Aufmerksamkeit geht bis zum ersten Speichern einer Information jeder bewußten Wahrnehmung voraus. Die präattentive Aufmerksamkeit findet größtenteils unbewußt statt. Der Schritt von hier aus zur bewußten Wahrnehmung geschieht über die Fokussierung unserer Achtsamkeit. Dadurch fallen Unmengen an Informationen aus unserer bewußten Wahrnehmung heraus. Dennoch wirken die aufgenommenen Informationen auf der präattentiven Ebene in unserem körperlich-seelisch-geistigen System. Bereits in den ersten Sekundenbruchteilen der Fokussierung kommt es zur Erregung und Aktivierung eines Areals im Gehirn mit sensorischen bzw. motorischen Funktionen. Es baut sich eine »Spannung« auf, die sich z. B. als »dumpfes Gefühl« oder reflexartiges Zucken zeigt.

Übung 16: Präattentive Aufmerksamkeit
Betrachten Sie Abb. 18. Wie geht es Ihnen dabei? Was fühlen Sie? Beobachten Sie sich selbst eine Weile, was mit und in Ihnen geschieht, wenn Sie das Bild betrachten. Vielleicht haben Sie Lust einen Focusing-Prozeß (Übung 14) auf das Gefühl, das das Bild erzeugt, zu machen?

Abb. 18: Lassen Sie dieses Bild auf sich wirken. Wie fühlt es sich an. Machen Sie eine Focusing-Übung (Übung 14) auf dieses Gefühl.

Ist Ihnen etwas aufgefallen? In dem Glas rechts im Bild bilden die Eiswürfel das Wort »SEX«. Derartige Werbebotschaften dringen oft nicht bis in unser Bewußtsein, erzeugen jedoch auf der präattentiven (vorbewußten) Wahrnehmungsebene Bedürfnisse und Reaktionen. Solche präattentiven Wahrnehmungen werden als »Subliminals« bezeichnet, da sie gewöhnlich unter der bewußten Wahrnehmungsschwelle bleiben. Subliminals wurden früher zu Werbezwecken eingesetzt, indem einzelne Bilder mit Werbebotschaft oder die ein bestimmtes Gefühl auslösen sollten, im Kino in Spielfilme eingeschnitten wurden. So wurden einzelne Bilder von Wüsten und dürren Landschaften gezeigt, kurz bevor die Coke-Verkäuferin in den Kinosaal kam. Solche subliminale, unterschwellige Werbung ist heute verboten. Bei einigen »Mindtraining«-CDs (CDs, die dazu dienen sollen, bestimmte Lebenseinstellungen zu erzeugen), werden akustisch Subliminals hinter die Entspannungsmusik gelegt. Sie induzieren mentale Botschaften wie: »Du fühlst dich mit jedem Tag besser und besser«, o. ä. Solche Trainings-CDs werden zum Beispiel für Raucherentwöhnung, Streßabbau oder zur Konzentrationssteigerung eingesetzt (»Superlearning«).

Wichtig für unser Thema ist: Präattentive Wahrnehmungen hinterlassen eine Art »dumpfer Gefühlsspur«. Über den Prozeß des Focusing können wir u.a. der präattentiven Wahrnehmung auf die Spur kommen.

Betrachten Sie die beiden Bilder 19 a und b. Drehen Sie das Buch nicht um! Es ist kein Fehldruck! Kommt Ihnen dabei etwas merkwürdig vor? Bei welchem?

Abb. 19: NOCH NICHT UMDREHEN!
Welches der beiden Bilder erscheint Ihnen komisch? Warum?

Jetzt drehen Sie das Buch!

Auf Bild 19 a wurden Augen und Mund gedreht. Unser bewußtes Gesichter-Erkennungs-System funktioniert nur bei Gesichtern, die richtig aufgebaut sind: Mund unten, Augen oben. Sehen wir ein Gesicht auf dem Kopf stehend, so erkennen wir es zwar als Gesicht, aber nicht die Feinheiten. Diese wirken jedoch auf der präattentiven Ebene als »komisches Gefühl«.

Achten Sie auf *erste* Gefühlseindrücke, auch wenn diese noch dumpf und nebulös sind!

Unsere Perspektive bestimmt die Wahrnehmung

Meine Perspektive ist meine einmalige Perspektive
und mein blinder Fleck zugleich.
Klaus Renn

Stellen Sie sich vor, Sie stehen *auf dem Rand* eines riesigen Kraters. Sie können den gegenüberliegenden Kraterrand sehen. Blicken Sie nach unten, so können Sie dort die Form eines Dorfes erkennen: Straßen, Bäume, vielleicht Menschen.

Nun stellen Sie sich vor, Sie befinden sich *in* diesem Dorf im Krater. Sie können Häuser sehen. Von den Kraterrändern sehen Sie das, was über die Dächer ragt.

Nun sind Sie *in einem Haus*. Was können Sie jetzt sehen?

Unsere Perspektive bestimmt ganz entscheidend unsere Wahrnehmung. Dies gilt natürlich auch für die mediale Wahrnehmung. Nur: In der physischen Realität ist unser Standpunkt klar definiert. In der medialen Wahrnehmung ist es zwar auch möglich, unseren »Standpunkt« zu definieren, doch zunächst ist er völlig frei. So könnte der eine Wahrnehmende den Krater mit dem Dorf aus der Vogelperspektive sehen, ein anderer sieht die Umgebung so als würde er in einem Haus stehen.

Als Rückmeldungen kämen vollkommen verschiedenartige Aussagen über das Wahrnehmungsobjekt, über seine Formen, Farben, Gerüche usw. Eine Anekdote zeigt sehr gut, was ich meine: Auf einem Wahrnehmungskurs schilderte ein Teilnehmer seine Wahrnehmung von einem Bild in einem verschlossenen Umschlag: »Es ist komisch«, so meinte er, »sonst habe ich stets sehr klare Bilder. Aber diesmal sah ich nur diagonale Streifen. Schwarz und weiß.« Die Wahrnehmung war völlig korrekt, nur die Perspektive eignete sich schlecht für ein Gesamtbild. In dem Umschlag befand sich ein Foto von Zebras! Der Teilnehmer war in der medialen Wahrnehmung einfach zu dicht dran.

Nicht nur die Perspektive, auch der Kontext, in dem etwas wahrgenommen wird, verändert unsere Interpretation radikal. Sehen Sie sich

12 13 14

Abb. 20a: Was erkennen Sie im mittleren Zeichen?

Abb. 20b: Was für ein Tier erkennen Sie?

die Abbildungen 20 a und b auf dieser Seite an. Wie würden Sie das mittlere Zeichen auf Abb. 20 a interpretieren? Und welches Tier stellt Ihrer Meinung nach Abb. 20 b dar? Nun blättern Sie weiter zu Seite 78 und sehen Sie sich die Abbildungen 21 a und b an. Was zeigt jetzt das mittlere Zeichen und welches Tier offenbart sich Ihnen nun?

Der Kontext und die Perspektive prägen entscheidend das, was wir wahrzunehmen glauben. Deshalb ist es wichtig, vor der medialen Wahrnehmung, sich Freiraum zu schaffen, damit der aktuelle Alltagskontext unsere Wahrnehmungen möglichst wenig einfärbt. Unser »Kontext« ist aber stets auch unser Interessengebiet. Gibt man als Wahrnehmungsobjekt z. B. eine Stadt, so nimmt der Architekt eher die Häuser, der Soziologe eher die Menschen wahr. Es ist eben nicht egal, zu welchem Hellseher Sie gehen. Ein Hellseher, der keine Ahnung von Medizin hat, ja, den diese nicht interessiert, wird Ihnen schwerlich genaue, treffsichere Aussagen über Ihre Gesundheit machen können. Ein Hellseher, der von Geomantie nichts versteht, wird sich vermutlich darin erschöpfen, von der »guten« oder »schlechten« Energie eines Ortes zu reden, ohne nähere Informationen liefern zu können.

Seien Sie sich darüber im klaren, daß Vorlieben und aktuelle Erlebnisse Ihre Wahrnehmung einfärben.

Objekte können aus allen möglichen Perspektiven wahrgenommen werden.

Die Raumerkennung in der medialen Wahrnehmung

Sehen bedeutet, den eigenen Ort, den eigenen Standpunkt nicht zu sehen.
Klaus Renn

Werden Räume und Objekte medial wahrgenommen, gelten im Grunde die gleichen Gesetzmäßigkeiten wie bei der Wahrnehmung der physischen Alltagsrealität: Wir nehmen Einzelelemente (Rohdaten) getrennt war und fügen sie hinterher zusammen. Dabei nehmen wir bevorzugt Dinge wahr, die:

- rot sind (oder eine andere Signalwirkung haben)
- ungewöhnlich sind (also in der zwei Erwartungen nicht zusammenpassen)
- diagonal verlaufen
- sich bewegen
- uns aufgrund unseres Charakters besonders interessieren (persönliche Interessen)
- mit Emotionen »aufgeladen«, behaftet sind
- im allgemeinen eine wichtige Bedeutung haben.

Wie in der Alltagswahrnehmung auch, sehen wir zuerst all das, was unser Bewußtsein anzieht. Signale wirken unmittelbar auf unser Stammhirn (»Reptiliengehirn«). Sie warnen vor möglichen Gefahren, auf die wir gelernt haben, umgehend zu reagieren. Auch ungewöhnliche Dinge fallen schneller auf, weil sie unbekannt sind und daher eine potentielle Gefahr darstellen könnten. Unser »Reptiliengehirn«, evolutionär der älteste Gehirnteil, reagiert sofort und ohne Beeinflussung des analytischen Großhirns, und wir richten unsere Aufmerksamkeit auf das Objekt. Ausnahme: Das »Etwas« ist so ungewöhnlich, daß es nicht in unser Weltbild paßt (das Flugzeug auf der Autobahn), dann wird es meist völlig ausgeblendet.

Ebenso verhält es sich mit Bewegungen und Diagonalen, die unsere Aufmerksamkeit anziehen. Klar, daß uns sofort die Dinge auffallen, für

A B C

Abb. 21a: Was erkennen Sie jetzt im mittleren Zeichen?

Abb. 21b: Welches Tier sehen Sie nun?

die wir uns interessieren. Spannend dagegen ist, daß gerade in der medialen Wahrnehmung uns Dinge auffallen, die mit Emotionen behaftet sind. Diese »emotionalen Anhaftungen« (z. B. Kriegsschauplätze, Nationalsymbole oder symbolisch-emotionale Ereignisse wie die Fußball-WM udgl.) nehmen wir mit unserer präattentiven Aufmerksamkeit (im limbischen System) wahr. In der Alltagswahrnehmung werden diese Wahrnehmungen jedoch durch unsere analytische Großhirnrinde herausgefiltert und dringen üblicherweise nicht ins Bewußtsein, obgleich sie auch hier vorhanden sind.

In Kenntnis dieser Attraktivität bestimmter Objekte für unser Bewußtsein und in der Angst, die Sowjets hätten ähnliche PSI-Spione im Einsatz wie die USA mit ihren TRV-trainierten Soldaten, vollzogen die amerikanischen Militärs merkwürdige Manöver. So wurden knallrote Luftballons mit Mickey-Mouse-Motiven in den Startbunkern von Atomraketen verteilt. Die Idee war: Wenn ein sowjetischer PSI-Spion den Bunker wahrnehmen würde, würde sein Bewußtsein zunächst die roten Luftballons (Signalfarbe, Bewegung, Merkwürdigkeit) »sehen«. Die Beschreibung, die er demzufolge abgeben würde, wäre absurd (Luftballons in Raketenbunkern?) und würde dementsprechend, als Fehlinformation bewertet, keine Beachtung finden. Ob es etwas genützt hat, wissen wir natürlich nicht...

Die oben beschriebenen »Bewußtseinsattraktoren« werden bei der Wahrnehmungsbindung, also der Verknüpfung der Rohdaten zu einem Gesamtbild, ihrer empfundenen *Bedeutung* gemäß wiedergegeben. Ähnlich wie in altägyptischen Bildern (Abb. 22) oder in Kinderzeichnungen erscheinen uns diese bedeutungsgeladenen Objekte als *größer* oder *räumlich zentraler*. Sie werden dementsprechend in ihrer Größe verändert oder im Bild zentriert wiedergegeben.

Abb. 22: Abbildung auf einem altägyptischen Sarkophag. Personen, die mehr Bedeutung haben (Osiris links), werden größer dargestellt.

Manfred Jelinski, selbst ausgebildeter Remote Viewer, beschreibt in seinem Buch »Tanz der Dimensionen« einen interessanten Versuch. Ein Haus, das ich persönlich kenne und dessen Grundgestaltung labyrinthisch wirkt, da man durch viele Räume geht und es keinen geraden Gang besitzt, wurde in zwei TRV-Sitzungen als Zielobjekt verwendet (Abb. 23 a - d). Ebenso ist ein großer runder Tisch in einem der Zimmer sehr dominant und durch zahlreiche Gespräche, die an ihm geführt wurden, »emotional aufgeladen«. Viewer 1 gibt dementsprechend den großen runden Tisch sehr zentral und vergrößert wieder (Abb. 23b). Viewer 2 interessiert sich dagegen stärker für den »Gangaspekt« (Abb. 23c), also die Verworrenheit und Verwinkeltheit der Wegeführung im Haus und rückt diesen ins Zentrum seiner Zeichnung. Im Vergleich dazu sehen sie in Abb. 23 d eine »Schatzkarte«, die der damals fünfjährige Sohn des Hausherren gezeichnet hatte. Hier erkennen wir ebenfalls die winkelige Gangstruktur und den Raum mit dem großen runden Tisch überdimensioniert nahe der Bildmitte.

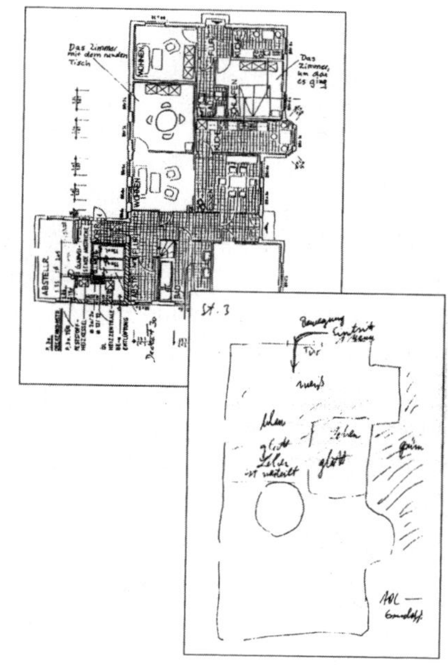

Abb. 23 a+b: Der Grundriß eines Hauses und dessen Wahrnehmung durch einen Remote Viewer (»Hellseher«). Der runde Tisch wird zentral wiedergegeben.

Obgleich keine der beiden Zeichnungen der Viewer den tatsächlichen Grundriß wiedergibt

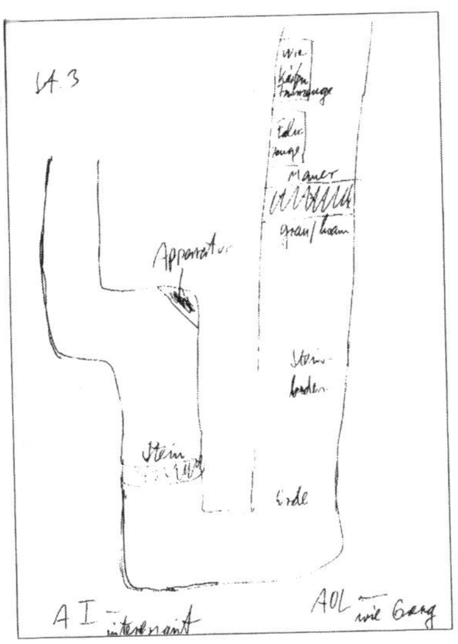

Abb. 23c: Wahrnehmung des Grundrisses durch einen anderen Remote Viewer. Viewer 2 erkennt den »Gangaspekt«.

Abb. 23d: Schatzkarte des damals 5-jährigen Sohnes des Hausherrn. Gangaspekt des Grundrisses und der runde Tisch, der zentral und übergroß wiedergegeben wird.

(was äußerst schwer ist), müssen beide Ergebnisse als Treffer gewertet werden. Bedenke man doch, daß die Viewer überhaupt nicht wußten, was ihr Zielobjekt war. Es hätte ja ebensogut eine Banane oder der Eifelturm sein können.

In der medialen Raumwahrnehmung nehmen wir Größenverhältnisse und Objekte nach *Bedeutung* verzerrt wahr, wobei sich die Bedeutung sowohl aus dem individuellen Interesse des Viewers als auch aus der kollektiven Signalwirkung des Zielobjektes ergibt.

Dritte Übung zur Fernwahrnehmung

> Das Nicht-Wahrnehmen von etwas
> beweist nicht dessen Nicht-Existenz.
> *Seine Heiligkeit, der 14. Dalai Lama*

Es ist Zeit für die dritte Runde. Den grundlegenden Ablauf kennen Sie ja: Nicht mogeln und vorher nachsehen!

Übung 17: Dritte Fernwahrnehmung

- Setzen Sie sich aufrecht und bequem.
- Schaffen Sie »Freiraum«, nutzen Sie die »Energy Conversion Box« oder die »Zeugentechnik«.
- Schreiben Sie folgenden Zahlencode auf, sprechen Sie ihn aus und legen Sie den Finger darauf:

300102
110017

Nutzen Sie alle vier Wahrnehmungskanäle (mediales Hören, Sehen, Fühlen, Wissen) und versuchen Sie, wahrgenommene Bilder anschließend zu entschlüsseln (Focusing, Assoziationsmethode usw.).

Der Alpha- und Theta-Zustand

Bedenke stets: Unsere Wahrnehmung
bestimmt unsere Wirklichkeit.
Qui-Gon Jinn (Star Wars, Episode I)

Allgemein verbinden wir mit dem Begriff »Wirklichkeit« jene Wahrnehmungen und Erfahrungen, die wir in einem bestimmten Bewußtseinszustand, dem sogenannten Tagesbewußtsein, haben. Andere Bewußtseinszustände, wie z. B. das Träumen, begreifen wir als irreal oder illusorisch. »Träume sind Schäume«, wie es so schön heißt. In dieser Weltanschauung verbirgt sich – oder vielmehr offenbart sich – eine Geisteshaltung, die den Geist als auf den physischen Körper beschränkt ansieht. Alles, was außerhalb dieser physischen Grenze der Haut geschieht, ist real, alles was innerhalb existiert, ist Phantasie, ist Illusion, ist Traum. Daß aber auch diese »Außeneindrücke« interpretiert, gefiltert und verändert sind, darauf bin ich in den vergangenen Kapiteln ausgiebig eingegangen.

Henri Bergson (1859 - 1941) führt in seinem Buch »Zeit und Freiheit« die Trennung von Reiz und Empfindung ein. Anhand psychischer Experimente zeigt er, daß der Reiz einer Messung zugänglich ist, die Empfindung jedoch nicht. Daraus folgt jedoch keine generelle Unvereinbarkeit von Reiz und Empfindung, sie gehören nur verschiedenen Seinsebenen an. In der Fortsetzung seiner Ergebnisse aus »Zeit und Freiheit« zeigt Bergson, daß das Verhältnis von Außen- und Innenwelt dieser wechselseitigen Beeinflussung unterworfen ist. Jedoch wird die Außenwelt nach Bergson nie so erfahren, wie sie ist, sondern so, wie sie der Mensch zur Bewältigung seiner Lebensfunktionen benötigt. In »Materie und Gedächtnis« wird Materie für Bergson, ähnlich wie für *George*

Berkeley, identisch mit ihrer Vorstellung. Er sieht hier die geistigen Phänomene in Unabhängigkeit von den körperlichen. »Nicht das Gehirn denkt, sondern der denkende Geist bedient sich des Gehirns.« Damit ist die Trennung von Innen und Außen aufgegeben.

Daher stellt sich natürlich die Frage: Was ist real? Australische Aborigines halten das Träumen z. B. für viel realer als das Tagesbewußtsein. Auch der daoistische Philosoph *Dschuangdsi* war in seiner berühmten Geschichte sehr verunsichert. Er träumte, er sei ein Schmetterling, und als er erwachte, wußte er nicht: »Bin ich Dschuangdsi, der träumte, er sei ein Schmetterling, oder bin ich ein Schmetterling, der träumt, er sei Dschuangdsi?«

Träumender und Geträumtes werden scheinbar austauschbar.

Auch der Kybernetiker *Gregory Bateson* sieht den Geist, das Selbst, als nicht durch die Haut begrenzt, sondern die Information, die zu diesem Selbst gelangt, umfaßt alle äußeren Bahnen des Informationsflusses wie Gedanken, Licht, Klang, Temperatur und alle Aspekte von Himmel und Erde. Damit ist jede Grenze zwischen Mensch und Umwelt fiktiv und willkürlich. Bateson benutzt die Analogie von einem Blinden, der mit einem Stock die Straße hinabgeht: »Wo beginnt das Selbst des Blinden? An der Spitze des Stockes? Am Griff des Stockes? Oder irgendwo in der Mitte des Stockes? Diese Fragen sind unsinnig, weil der Stock ein Weg ist, auf dem Unterschiede übermittelt werden«. (Gregory Bateson: Ökologie des Geistes, Suhrkamp, Frankfurt/M., 1983, S. 411). So kann Landschaft zum Teil des menschlichen Geistes werden und der menschliche Geist zum Teil der Landschaft.

In Träumen kennen wir diese Zustände sehr wohl, bei denen das eine sich ins andere verwandelt, oder in dem sich etwas in einer anderen Maske zeigt, wir aber um die »wirklichen« Verhältnisse wissen. In Träumen können wir ohne intellektuelle Probleme zugleich Tiger und Beute sein, zugleich Subjekt und Objekt.

Augenscheinlich existieren also im Bewußtseinszustand des »Tagesbewußtseins« (nach den entstehenden Gehirnwellenrhythmen auch Beta-Zustand genannt) für unseren Geist Trennungen zwischen Subjekt und Objekt, im Träumen (oder Theta-Zustand) dagegen nicht. Andererseits fällt es uns in »Theta« oft schwer, analytisch zu sein. Wir verstehen hier Zusammenhänge eher intuitiv als rational. Eine Anekdote, die ich einmal erzählt bekommen habe, mag dies illustrieren: Eine Frau hatte an einem Abend sehr viel Cannabis konsumiert. Als sie nun in ihrem tranceähnlichen Zustand auf ihrem Bett lag, hatte sie plötzlich eine Inspiration: Sie begriff den *Sinn des Lebens*! Diese Erfahrung ergriff sie zutiefst, und um diese Eingebung nur ja nicht zu vergessen, wollte sie sie aufschreiben. Sie nahm sich Papier und Stift, lief in die Küche und schrieb es auf. Als sie am nächsten Morgen erwachte, hatte sie die Erfahrung tatsächlich vergessen, nur das ergreifende Gefühl war noch geblieben, zu wissen, was der *Sinn des Lebens* ist. Aber sie hatte sich ja noch die Notiz gemacht! Also stand sie auf, ging in die Küche und nahm den beschriebenen Zettel. Erschrocken las sie, was darauf stand: »Ich sitze in der Küche und schreibe auf, was der Sinn des Lebens ist.«

Zwischen diesen beiden Zuständen des Beta (äußeres Bewußtsein oder Tagesbewußtsein) und des Theta, in dem kein Schmerzempfinden existiert und der in der Regel beim Träumen auftritt, liegt der sogenannte Alpha-Zustand. Hier befinden wir uns in einem entspannten aber zugleich hochenergetischen Zustand. Konzentration ist so etwa im oberen Alphabereich (10 -14 Hz) anzusiedeln, Meditation dagegen im unteren (7 - 10 Hz). In Alpha sind wir sowohl fähig, die Trennung von Subjekt und Objekt wenigstens partiell aufzuheben, als auch darüber zu reflektieren.

In den verschiedensten Kulturen und Epochen wurden daher die Bewußtseinszustände, die heute mit Alpha und Theta benannt werden, als Portale gesehen, um über sie in andere »Welten« zu gelangen.

Wir nutzen diese »Portale« in der Regel im Alltag täglich, ohne, daß uns dies großartig bewußt wird. Meist liegt dies aber eben daran, daß wir diese Bewußtseinszustände für illusorisch und minderwertig erachten und daher gemachte Erfahrungen sofort wieder beiseitewischen. Wir gelangen zum Beispiel in Alpha einfach dadurch, daß wir uns entspannen und zu grübeln aufhören. Oft setzt sehr schnell eine wahre Bilderflut ein, die natürlich auch Elemente des Erlebten enthält. Wir achten daher nicht auf sie. Oder wir sitzen in der Bahn und beobachten die Regentropfen, die die Scheibe entlangwandern. Verbunden mit dem monotonen Rattern des Zuges gelangen wir oft in Theta. Wir nennen dies dann »Tagträume« und wischen die Wahrnehmungen beiseite, schlagen das geöffnete Portal einfach wieder zu.

Andere Kulturen dagegen nutzen noch heute die verschiedensten Techniken, um diese Bewußtseinszustände willentlich zu erzeugen und Grenzen von Subjekt und Objekt aufzulösen, sei es nun die japanische Zen-Tradition mit ihrer inneren Einkehr, die Einnahme psychoaktiver Drogen oder der Einsatz von Trommeln und Tanz.

Techniken zur schnellen Aktivierung der Alpha- und Theta-Gehirnwellen

Meditation bringt uns in Berührung mit dem,
was die Welt im Innersten zusammenhält.
Johann Wolfgang von Goethe

In der Moderne war es z. B. José Silva, der sich intensiv mit den Möglichkeiten eines bewußten Einsatzes des Alphazustandes auseinandergesetzt hat. Er entwickelte das »Silva-Mind-Control«, eine einfache Methode, sich über eine innere Entspannung, verbunden mit einer Zähltechnik in Alpha oder gar Theta zu versetzen. Aber auch das NLP, das Neurolinguistische Programmieren, nutzt Methoden wie das »Ankern«, um schnell in einen anderen Bewußtseinszustand zu gelangen.

Beide Methoden nutzen dabei den offenen, entspannten Zustand des Alpha, um im eigenen Bewußtsein mittels Suggestionen Veränderungen vorzunehmen. Da die Filter des Intellekts weitgehend ausgeschaltet sind, können wir neue »Programmierungen« leichter vornehmen und so möglicherweise alte Verhaltensmuster durchbrechen oder auflösen. So entstand z. B. der populär gewordene Aphorismus: »Ich fühle mich an jedem Tag immer besser, besser und besser!«

Nutzen auch Sie, wenn Sie möchten, in den folgenden angebotenen Übungen den veränderten Bewußtseinszustand, um Ihre Wirklichkeit zu gestalten. Die gewählte Suggestion sollte dabei möglichst klar und positiv sein. Vermeiden Sie Schachtelsätze und Verneinungen und verbinden Sie den Satz mit einem klaren, positiven visuellen Bild. Suggestionen, die Sie sich während der Übungen sagen, könnten z. B. sein:

»Ich behalte die vollkommene Kontrolle über meine geistigen Fähigkeiten auf dieser und jeder anderen Bewußtseinsstufe.«

oder:

»Meine Wahrnehmungsfähigkeit verfeinert sich mit jedem Tag!«

Bei der Silva-Mind-Control versetzt man sich durch eine bestimmte Zähltechnik in den Alphazustand, aus dem heraus dann intuitive Informationen abgefragt, Dinge schneller und besser gelernt oder Heilungen vorgenommen werden. Ein Grundkurs der Silva-Mind-Control dauert in der Regel drei bis vier Tage. Aber vielleicht hilft Ihnen die hier vorgestellte vereinfachte Version dennoch, sich schnell in einen vertieften Bewußtseinszustand zu begeben. Im Grunde kennen Sie die Technik aus den vorangegangenen Kapiteln bereits.

Übung 18: Die Zähltechnik

Setzen Sie sich aufrecht aber bequem hin. Blicken Sie mit den Augen etwa im 45-Grad-Winkel nach oben in Richtung Stirn. Atmen Sie ruhig und tief und entspannen Sie sich. Die Augenstellung an sich erzeugt bereits einen starken Anteil an Alpha-Wellen im Gehirn. Blicken Sie so lange nach oben bis Ihre Augenlider zu flattern anfangen und schwer werden. In der Regel geschieht dies nach 10 bis 30 Sekunden. Schließen Sie dann die Augen, blicken Sie aber weiter mit geschlossenen Augenlidern Richtung Stirn.

- Atmen Sie nun tief ein und in drei Atemstößen aus. Wiederholen Sie dabei im Geiste dreimal die Zahl »3«. Lassen Sie dabei alle körperlichen Anspannungen los.
- Atmen Sie erneut tief ein und in drei Atemstößen aus. Wiederholen Sie nun dreimal im Geiste die Zahl »2«. Lassen Sie alle Gedanken ziehen und entspannen Sie sich.
- Atmen Sie noch einmal ein und in drei Atemzügen aus. Wiederholen Sie dreimal die Zahl »1«.
- Nun befinden Sie sich in »Alpha«.

- Sie können Ihre Suggestion im Geiste wiederholen oder den Zustand nutzen, um intuitiv an Informationen zu gelangen. Wenn Sie wieder ins Tagesbewußtsein eintauchen wollen, zählen Sie innerlich »1, 2, 3!« und öffnen die Augen.

Diese Zähltechnik funktioniert um so besser, je öfter Sie sie üben.

Die Ankerbildung

Autogenes Training macht gelassen,
aber nicht gleichgültig.
J. H. Schultz

Ein »Anker« ist eine Art Code, ein Paßwort, der Ihnen hilft, sehr schnell in einen bestimmten Zustand zu gehen. Anker müssen dabei nicht unbedingt verbaler Natur sein:

- Ein visueller Anker z. B. ist ein bestimmtes inneres Bild, etwa ein Symbol oder Archetyp, eine Landschaft oder auch nur eine Farbe, die man visualisiert.
- Ein kinästhetischer Anker kann eine bestimmte Empfindung sein, ein Kribbeln, ein Druck oder dergleichen an jedem beliebigen Körperteil, oder auch eine bestimmte Körperhaltung.
- Der akustische Anker schließlich ist ein Wort, das man innerlich ausspricht, oder ein Name oder auch ein Musikstück, das man innerlich hört.

Wie bei einer Hypnose können diese Anker dazu benutzt werden, sehr schnell in den damit verbundenen Bewußtseinszustand zu kommen. Wie kommt man nun an seinen persönlichen Anker, der einem als »Portschlüssel« zum Alphazustand dient?

Übung 19: Die Ankerfindung

Legen Sie sich entspannt auf den Boden oder auf das Bett. Sorgen Sie vorher aber dafür, daß Sie für eine halbe Stunde nicht gestört werden (schalten Sie Glocke und Telefon ab und geben Sie Mitbewohnern

Bescheid). Sorgen Sie auch dafür, daß Ihre Grundbedürfnisse befriedigt sind: Ist Ihnen warm genug? Brauchen Sie noch einen Schluck Wasser? Oder müssen Sie noch einmal auf die Toilette?

Wenn Sie möchten, legen Sie leise Entspannungsmusik auf. Zu diesem Zwecke gibt es z. B. spezielle Musik, die mit Frequenzen unterlegt ist, die den Zuhörer schneller in den Alphazustand führen wie z.B. die CDs von Michael Hutchison (»Mega Brain Zones«, »Entspannte Aufmerksamkeit«).

Wenn alles bequem und bereit ist, atmen Sie mehrmals tief ein und lassen beim Ausatmen alle Anspannungen los. Entspannen Sie bewußt nacheinander die Zehen, die Fußsohlen, die Waden, die Oberschenkel bis hinauf zum Becken. Entspannen Sie auch die Finger und Handflächen, die Unter- und Oberarme. Lassen Sie sich Zeit dabei! Atmen Sie an die entsprechenden Stellen und lassen Sie beim Ausatmen alle Anspannungen los. Entspannen Sie auch Bauchdecke, Brust und Schultern und schließlich Gesichtsmuskeln und Kopfhaut.

Verweilen Sie einige Augenblicke in diesem völlig entspannten Zustand und lassen Sie ihn wirken. Lassen Sie Gedanken kommen – und wieder ziehen. Seien Sie ganz im Hier und Jetzt.

Wenn Sie sich bereit fühlen, dann gehen Sie mit Ihrem Bewußtsein in die eigene Mitte: an irgendeinem Ort in Ihrem Körper, an dem Sie sich ganz authentisch, ganz bei sich fühlen.

Machen Sie sich frei von Vorstellungen, wo dieser Ort zu sein hat. Es mag der Bauch sein oder die Brust – vielleicht aber auch der Solarplexus oder gar die Niere...

Spüren Sie in die Mitte hinein, SEIN Sie die Mitte! Und dann lassen Sie aus der Mitte ein Bild auftauchen. Es ist Ihr persönlicher visueller Anker, der Sie mit diesem empfundenen Zustand verbinden wird. Negieren Sie nichts, sondern nehmen Sie, was kommen will – es wird niemand erfahren! Desgleichen hören Sie in sich hinein und werden Sie sich eines Wortes oder einer Melodie bewußt. Dies ist Ihr akustischer Anker. Und schließlich fühlen Sie, wo in Ihnen eine körperliche Resonanz entsteht. In der Regel ist dies der »Ort« der Mitte selbst. Es kann aber auch an einer anderen Stelle sein. Legen Sie die Hände an diesen Ort. Dies ist Ihr kinästhetischer Anker!

Wenn Sie wollen, nutzen Sie den Zustand und formulieren Sie innerlich Ihre gewählte Suggestion.

Dann tauchen Sie allmählich wieder ins Tagesbewußtsein ein, indem Sie vorsichtig die Zehen und Finger, die Beine und Arme bewegen und sich nach einiger Zeit langsam aufsetzen.

Um in den Alphazustand zu gelangen, können Sie Ihre drei Anker nutzen: Entspannen Sie sich durch einige Atemzüge, aktivieren Sie Ihren visuellen Anker, indem Sie Ihr Bild visualisieren. Hören Sie dazu innerlich Ihren akustischen Anker und legen Sie die Hand an den Ort, an dem Sie den kinästhetischen Anker wahrgenommen haben.

Die Methode des persönlichen Ankers läßt sich wunderbar mit der Silva-Zähltechnik verknüpfen. Aktivieren Sie dazu Ihre Anker, wenn Sie bei »1« angelangt sind. Hören Sie Ihre Melodie, sehen Sie Ihr Symbol und legen Sie die Hand mit sanftem Druck auf den Ort des kinästhetischen Ankerfeldes.

Mit diesen Techniken gelingt es Ihnen in der Regel mit etwas Übung innerhalb von Sekunden, wahrnehmungsbereit zu sein und die Welt ohne die Beschränkungen des Beta-Zustandes wahrzunehmen.

Der kontrollierte Traum als Wahrnehmungsinstrument

Der Traum ist eine Psychose,
mit allen Ungereimtheiten, Wahnbildungen,
Sinnestäuschungen einer solchen.
Sigmund Freud

Der Theta-Zustand ist im allgemeinen unser Traumbewußtsein. Wir verlieren darin das Raum- und Zeitgefühl und sind in unmittelbarem Kontakt zum Unbewußten. Häufig schlafen wir ein, wenn wir den Thetazustand willentlich aufsuchen. So gelangen wir jede Nacht ohne besondere Techniken in den Thetazustand. Wir können daher auch unsere Träume sehr gut als Wahrnehmungsinstrument nutzen. Was wir dazu benötigen, ist lediglich eine Programmierung, die den Traum auf das Wahrnehmungsobjekt ausrichtet. Die Grundwerkzeuge dazu haben Sie bereits in der Hand:

Wenn Sie zu Bett gehen, begeben Sie sich über die Zähltechnik und die Anker in den Alphazustand. Statt einer beliebigen Suggestion, programmieren Sie sich nun für die Nacht mit den Worten: »Ich möchte einen Traum träumen, der mir wesentliche Aufschlüsse über die Qualität des Ortes, der Person oder des Objektes gibt!« Lassen Sie sodann noch einmal alle Informationen, die Sie von dem wahrzunehmenden Ort/Person/Objekt haben, bewußtwerden (topographische Lage, Aussehen, Formen, Farben, Besitzer, Probleme, Symbole, Geschichte...).

Sagen Sie sich sodann noch einmal: »Ich werde diesen Traum träumen, ich werde mich an ihn erinnern, und ich werde Ihn verstehen.«

Schreiben oder zeichnen Sie beim Aufwachen unmittelbar den Traum auf. Machen Sie sich erst dann Gedanken über dessen Bedeutung!

Worauf Sie achten sollten:

Beschäftigen Sie sich unmittelbar vor dem Einschlafen nach Möglichkeit nur mit der Fragestellung. Schauen Sie vorher nicht unbedingt emotional aufwühlende Filme an und lesen Sie auch kein solches Buch. Viele Menschen behaupten, sie würden nicht träumen. Dies ist nicht richtig. Vielmehr wird der Traum sehr schnell vergessen, da das Traumbewußtsein durch einen Wecker brutal unterbrochen wird und wir ins Tagesbewußtsein gerissen werden. Lassen Sie sich daher mit dem Aufwachen Zeit (auch wenn der Wecker klingelt). Bleiben Sie noch liegen und lassen den Traum nachwirken. Halten Sie an Erinnerungsfragmenten aus dem Traum fühlend fest. Meist folgen weitere Traumfetzen nach! Hilfreich ist es oft, auch die Körperhaltung einzunehmen, die man beim Aufwachen hatte. Sie ist unsere »persönliche Trancehaltung« und hat oft noch Traumelemente gespeichert.

Erfahrungsgemäß verhält sich unser Unbewußtes wie ein eigenständiges Wesen. Je mehr Aufmerksamkeit Sie ihm zuteil werden lassen, um so bereitwilliger gibt es sein Wissen preis. Oft hilft es daher, Träume längere Zeit zu beobachten und ein Traumtagebuch zu führen – nicht erst wenn man etwas Bestimmtes wissen will.

Wenn Sie sich programmiert haben und sich auch an den Traum erinnern konnten, können Sie sicher sein, daß er auch etwas mit der Fragestellung zu tun hat! Auch wenn scheinbar Belangloses im Traumgeschehen ist, ist dies die Art des Traumes, uns etwas mitzuteilen. Wie schon bei den Wahrnehmungen zuvor, dürfen wir nicht immer Außergewöhnliches erwarten. Das Material, aus dem unsere Wahrnehmungen und Träume gebaut werden, setzt sich natürlich aus Erlebtem zusammen. Also wundern Sie sich nicht, wenn Geschehnisse vom Tag zuvor mit im Traum verarbeitet wurden. Haben Sie sich zuvor so programmiert, so hat auch dies mit der Fragestellung, dem wahrgenommenen Ort, zu tun!

Gehen Sie vor dem Einschlafen über Ihre Ankerpunkte (kinästhetischer, auditiver, visueller Anker) und die Zähltechnik in den Alphazustand.

Sagen Sie sich (Vorschlag): »ICH MÖCHTE EINEN TRAUM TRÄUMEN, DER MIR WESENTLICHE AUFSCHLÜSSE ÜBER DIE QUALITÄT DES ORTES (DER PERSON/DES PROBLEMS) GIBT.«

Lassen Sie sich alles, was Sie über Ihr Zielobjekt wissen, durch den Kopf gehen und programmieren Sie sich, darüber zu träumen.

Sagen Sie sich noch einmal (Vorschlag): »ICH WERDE DIESEN TRAUM TRÄUMEN, ICH WERDE MICH AN IHN ERINNERN UND ICH WERDE IHN VERSTEHEN.«

Lassen Sie sich morgens mit dem Aufwachen Zeit und versuchen sie, sich an den Traum zu erinnern. Machen Sie sich erst dann Gedanken über seine Bedeutung.

Nun wenden Sie die neuen Techniken an! Unten gebe ich Ihnen erneut eine Codenummer, die einen Ort oder ein Objekt codiert. Schreiben Sie sie auf ein Blatt Papier.

Bei der Traumprogrammierung hilft es vielleicht, nach alter Schüler-Sitte die Codenummer unters Kopfkissen zu legen. Programmieren Sie sich mit den Worten: »Ich möchte einen Traum träumen, der mir wesentliche Aufschlüsse über die Qualität des Objektes oder Ortes gibt, der sich hinter dem Zahlencode ... verbirgt.«

Vierte Übung zur Fernwahrnehmung

Es hört doch jeder nur, was er versteht.
Johann Wolfgang von Goethe

Unsere vierte Fernwahrnehmungsübung beschäftigt sich mit dem Träumen. Bitte denken Sie daran, Papier und Stift neben das Bett zu legen und sich unmittelbar nach dem Aufwachen (auch mitten in der Nacht!) Notizen zu machen.

Übung 20: Vierte Fernwahrnehmung
Gehen Sie vor dem Einschlafen über Ihre Ankerpunkte (kinästhetischer, auditiver, visueller Anker) und die Zähltechnik in den Alphazustand.

Sagen Sie sich: Ich möchte einen Traum träumen, der mir wesentliche Aufschlüsse über das Wahrnehmungsobjekt gibt, das folgende Nummer hat:

300102
110001

Stellen Sie sich die Zahl plastisch vor, lesen Sie sie laut vor und programmieren Sie sich, darüber zu träumen. Sagen Sie sich noch einmal (Vorschlag): »Ich werde diesen Traum träumen, ich werde mich an ihn erinnern und ich werde ihn verstehen!«

Lassen Sie sich morgens mit dem Aufwachen Zeit und versuchen Sie, sich an den Traum zu erinnern. Machen Sie sich erst dann Gedanken über seine Bedeutung.

Ein Tip: Lesen Sie nach der Übung zunächst das nächste Kapitel über Traumdeutung, bevor Sie die Übung auflösen.

Vertiefte Wahrnehmungstechniken

Es ist keine Frage, daß es noch
eine andere Welt außer der unseren gibt.
Die Frage ist nur: Wie weit ist sie von der City
entfernt und wie lange ist sie geöffnet.
Woody Allen

Traumdeutung

Es liegt in der Natur der Sache, daß Träume nicht eins zu eins physische Realitäten widerspiegeln. Vielmehr verdeutlichen sie innere symbolische Zusammenhänge, diffus-emotionale Wirklichkeiten, die oft aber viel »höhere«, alles durchdringende Wirklichkeiten darstellen als eine äußere Realität. Um Träume zu verstehen, wollen sie entschlüsselt sein. Ein Traumdeutungsbuch hilft dabei herzlich wenig. Es ist schlichtweg zu einfach, in einem Lexikon nachzuschlagen und daraus die Bedeutung abzulesen. Nehmen wir als Beispiel das Traumbild eines Hundes. Da lesen wir in einem Traumdeutungslexikon z. B. die Bedeutung »Wächter«. Sicherlich hat der Hund die Eigenschaft, etwas zu bewachen, er ist seit vielen Tausend Jahren ein getreuer Begleiter des Menschen. Aber hatte der Hund im Traum wirklich Wächterfunktion? Bewachte er etwas? Vielleicht war es ja ein niedlicher kleiner Schoßhund und hatte selbst Angst, verdiente Ihren Schutz. Oder es war ein übergroßer schwarzer Hund, vor dem Sie geflohen sind. Entscheidend für die Entschlüsselung individueller Träume ist der Kontext des Traumsymbols, vor allem die emotionale Atmosphäre. Träume klingen in unserem Gemüt oft noch Stunden nach dem Aufwachen nach. Sie haben unseren

»Emotionalkörper« bewegt und erregt. Daher ist eine geeignete Methode für die Traumentschlüsselung wiederum der Methodik des Focusing entlehnt. Aber gehen wir der Reihe nach und Schritt für Schritt vor.

1. Den Traum merken

Eines der größten Probleme stellt, wie meine Erfahrung aus Seminaren zeigt, das sich Merkenkönnen von Träumen dar. Oft wachen wir mitten in der Nacht auf und hatten einen ergreifenden Traum. Uns ist der Traum in allen Einzelheiten bewußt. »Den muß ich morgen früh aufschreiben«, so mag man denken, und verschiebt aufgrund der Müdigkeit die Notiz auf morgen. Wacht man dann erneut auf, scheint es wie verhext. Man erinnert sich zwar daran, aufgewacht zu sein, aber nicht mehr an den Traum. Dabei war er doch so deutlich!

In der Tat sind wir beim Träumen in einem vollkommen anderen Seinszustand. Theta-Gehirnwellenrhythmen herrschen vor. Sind wir erwacht, so gehen wir rasch in die Beta-Phase. Diese sind wie zwei getrennte Welten, bei denen scheinbar die eine nichts von der anderen weiß. Ein Rat für den Anfang ist daher: Schreiben Sie den Traum unmittelbar nach dem Erwachen auf. Es ist sogar sehr gut, wenn sie dabei noch etwas dösig sind, weil dies zeigt, daß Theta-Wellen noch sehr präsent sind. Wenigstens die wichtigsten Stichworte sollten notiert werden! Noch ein Tip: Machen Sie dazu Licht. Aus eigener Erfahrung weiß ich, daß im Dunkeln notierte Traumnotizen kaum mehr zu entziffern sind.

Erwachen Sie erst morgens, so lassen Sie sich, wie bereits beschrieben, Zeit mit dem Aufwachen. Verweilen Sie im Halbschlaf. Sprechen Sie die präsentesten Traumbilder laut aus – Sie holen sie damit in die »Beta-Welt« – oder notieren Sie sie.

Oft ist nur noch das Gefühl übrig, das der Traum hinterlassen hat. Verzagen Sie nicht! Dies ist ein wichtiger Anker. Bleiben Sie entspannt und lenken Sie die Aufmerksamkeit auf das Gefühl, das vom Traum geblieben ist. Wo im Körper schwingt es nach? Im Bauch? In der Brust? Im Hals? Gehen Sie mit Ihrer Aufmerksamkeit an die entsprechende Körperstelle und verweilen Sie dort. Bleiben Sie einfach mit Ihrer

Achtsamkeit in dem Gefühl und der Körperregion, in der das Gefühl nachschwingt. Mit der Zeit taucht in der Regel ein kurzes Traumbild in Ihrer Erinnerung auf. Notieren Sie es oder sprechen Sie es aus. Will gar nichts auftauchen, so schreiben Sie auf einen Zettel: »Da ist so ein Gefühl ...« und beschreiben Sie es. Oft lockt dies weitere Assoziationen und Traumsequenzen hervor. Mit Zeit und Behutsamkeit lassen sich viele Träume auf diese Weise aus den Tiefen des Unbewußten wieder hervorlocken. Es hat nicht geklappt? Macht nichts. Beim nächsten Traum kennt Ihr Traumbewußtsein ein Stück mehr vom Weg aus dem Unbewußten ins Tagesbewußtsein, und es wird besser gehen.

2. Den Traum notieren

Die Traumfragmente dringen nicht unbedingt linear in unser Bewußtsein, daher empfiehlt sich für das Aufschreiben der Träume eine Methodik, die dem »Mindmapping« ähnelt: Nehmen Sie ein leeres Blatt und schreiben Sie eine kurze Traumsequenz, die Ihnen eingefallen ist, irgendwo auf das Papier. Folgen weitere Sequenzen, so notieren Sie diese ebenso (scheinbar) willkürlich auf dem Blatt. Verbinden Sie die einzelnen Sequenzen durch Pfeile und Linien. Wenn Ihnen etwas einfällt, was noch zu einer Sequenz gehört, schreiben Sie es nahe der entsprechenden Traumnotiz und verbinden Sie es mit einem Pfeil.

Erst wenn Sie den Traum für vollständig halten, können Sie ihn in eine lineare Form bringen, also eine zeitlich lineare Geschichte daraus formen.

3. Zwei mal erzählen

Diese Technik wurde mir von der Focusing-Trainerin Martina Blanke gezeigt, und ich halte sie für sehr effektiv: Lesen Sie den Traum laut vor, oder besser: Erzählen Sie ihn frei. Und wenn Sie ihn erzählt haben, erzählen Sie ihn noch einmal! Wozu dies? Beim ersten Erzählen ist man meist damit beschäftigt, den Inhalt in seiner linearen Form wiederzugeben. Beim zweiten Erzähldurchgang achten Sie darauf, was Ihnen bedeutsam und was Ihnen unwichtig erscheint. Welche Sequenz erzeugt die stärksten Gefühls- und Körperreaktionen?

4. Traumsymbole entschlüsseln

Nun sind Sie bereit, die wesentlichen Traumsymbole zu entschlüsseln. Nehmen Sie eines der Symbole oder eine der Sequenzen in Ihre Aufmerksamkeit, die Ihnen beim zweiten Erzählvorgang bedeutsam erschien. Was für ein Gefühl erzeugt diese Traumsequenz? In welcher Körperregion können Sie es wahrnehmen? Gehen Sie mit Ihrer Aufmerksamkeit dorthin. Wie würden Sie das Gefühl beschreiben? Sagen Sie die Beschreibung zurück an Ihren Körper, an den »Felt Sense«. Stimmt die Beschreibung? Wie reagiert der »Felt Sense« jetzt? Fällt Ihnen spontan etwas dazu ein? Etwas, das sich ähnlich angefühlt hat? Vielleicht eine Erinnerung, eine Atmosphäre, ein Ereignis oder einfach eine Assoziation dazu? Lassen Sie alle wichtigen Traumsymbole in dieser Art lebendig werden und spüren Sie nach, womit diese in Zusammenhang stehen.

Erst anschließend, also erst nach der »Focusing-Sequenz« (die hier nur vereinfachter wiedergegeben wurde) sehen Sie sich noch einmal die verschiedenen Symbole/Sequenzen an. Abstrahieren Sie nun: Was für einen »Aspekt« beschreibt die Szene?

Da war die Szene mit dem Hund, sie hatte z. B. einen Bedrohungsaspekt. Die Szene mit dem Chef, sie hatte einen Herrscher- oder Machtaspekt usw.

Haben Sie den Traum als Wahrnehmungsinstrument genutzt und sich auf ein Zielobjekt programmiert, wie in Übung 20 vorgeschlagen, so beschreiben die auf diese Weise herausgearbeiteten Aspekte das wahrzunehmende Zielobjekt.

Ist das Zielobjekt z. B. eine Kirche, so könnten Traumaspekte sein: etwas Religiöses, etwas Großes, etwas Künstliches, etwas, das mit Versammlungen zu tun hat, etwas Rituelles usw. Im Traum muß nicht ein einziges Mal eine Kirche aufgetaucht sein, und trotzdem dient er Ihnen dazu, wesentliche Qualitäten des Zielobjektes zu erkennen und zu definieren.

Ich hatte einmal den Auftrag, geomantische Aussagen über Suhl und Umgebung zu treffen. Nach einer entsprechenden Programmierung träumte ich, daß Zwerge meinen Sohn entführen wollten, und nur ein sehr deutliches Wort konnte Einhalt gebieten. Der entschlüsselte Traum zeigte mir, daß die Zwerge dies getan hatten, weil ihnen etwas Wichtiges genommen worden war. Der Ort hatte also eine Qualität, die einen Verlustaspekt und einen Einforderungsaspekt hatte. In der Tat ist in Suhl viel Bergbau betrieben worden, dadurch wurden vitalenergetisch wichtige Systeme gestört, so daß der Ort Lebenskraft verlor, die er von den heutigen Bewohnern einforderte. Viele dort lebende Menschen berichteten von dem Gefühl, sich »ausgelaugt« zu fühlen.

Natürlich können Sie diese Technik des programmierten Träumens und der Traumentschlüsselung auch für persönliche Probleme einsetzen. Auf ihren Gesundheitszustand programmiert, träumte eine Frau von einer gewundenen Bergstraße, die plötzlich von Geröll verschüttet war. Ein deutlicher Hinweis für sie, auf ihre Darmtätigkeit (Windungen, Versperrung) zu achten. Nicht zu früh, denn eine medizinische Untersuchung zeigte einen sich ankündigenden Darmverschluß.

- Wenn Sie nachts aufwachen, notieren Sie sofort Ihren Traum.
- Lassen Sie sich morgens mit dem Aufwachen Zeit und versuchen Sie, sich an den Traum zu erinnern.
- Nutzen Sie das Focusing, um sich der Träume zu erinnern.
- Notieren Sie die Träume, indem Sie Traumsequenzen, an die Sie sich erinnern, auf ein Blatt Papier schreiben und die einzelnen Sequenzen durch Pfeile verbinden. Bringen Sie den Traum erst dann in eine lineare Form.
- Erzählen Sie den Traum zweimal und achten Sie beim zweiten Mal auf das, was Ihnen wichtig erscheint.
- Spüren Sie den einzelnen Traumsymbolen und Traumsequenzen im Körper nach der Focusing-Methode nach.
- Arbeiten Sie anschließend die einzelnen Aspekte des Traumes heraus (Abstraktion).

Die kinästhetische Primärbewegung

Panta rhei.
Alles fließt.
Platon
(in der Zusammenfassung der Lehre Heraklits)

Wir hatten bereits gesehen, daß aus der Flut von Informationen, die unser Gehirn überschütten, vorbewußt (präattentiv) bestimmte Rohdaten ausgewählt werden. Diese Fokussierung des Bewußtseins – die Auswahl eines Informationsimpulses aus der Fülle einströmender Impulse – erzeugt eine Erregung und Aktivierung in einem Gehirnareal, das mit sensorischen und motorischen Funktionen zu tun hat. Es baut sich eine Art »Spannung« auf, die sich in einem reflexartigen Zucken entladen kann.

Dem Verfahrensingenieur *René Warcollier* (1881 - 1962) ist es zu verdanken, daß diese sogenannte kinästhetische Primärbewegung als ein für die erweiterte Wahrnehmung wichtiger Bestandteil erkannt wurde.

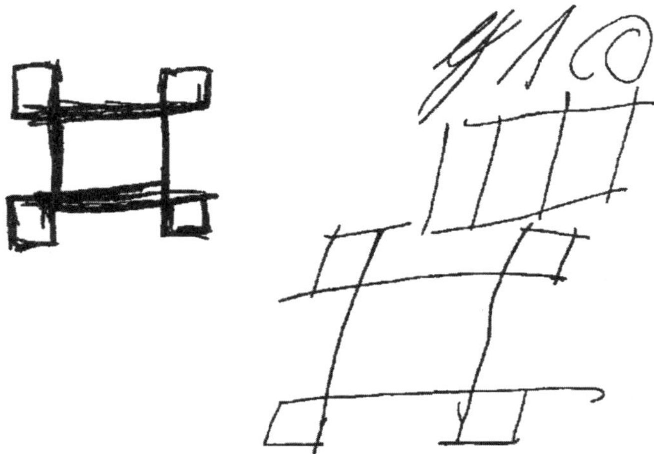

Abb. 24: Mediale Wahrnehmungen. Zielzeichnung links und die Wiedergabe des Mediums »Fräulein A.« (1890). Bedeutsam sind die ersten »Krakel-Zeichen« rechts oben. Ausdruck der kinästhetischen Primärbewegung.

Warcollier beschäftigte sich mit Telepathie und wurde gar 1951 bis 1962 Präsident des *Institut Metaphysique International* in Paris. Er entdeckte, daß medial Begabte bei telepathischen Übertragungsversuchen vor der eigentlichen Wiedergabe der »gesendeten« Zeichnung oftmals kleine – zunächst kaum beachtete – Krakel auf das Papier zeichneten. Diese kaum zu identifizierenden Zeichen entsprangen dem reflexartigen Zucken der Wahrnehmenden und waren Ausdruck eben jener kinästhetischen Primärbewegung. In der Abbildung 24 erkennt man diese Zeichen des Mediums auf der rechten Seite. Sie können dies unterstützen, indem Sie den Reflex zunächst bewußt erzeugen. Also »krakeln« Sie einige Male auf ein leeres Papier sehr schnell einige Zeichen, etwa wie auf Abb. 25 zu sehen.

Abb. 25: Kinästhetische Primärbewegung (Ideogramm)

Interessanterweise bannt das Aufzeichnen dieses Zuckens gleichsam die psychokinetische Energie auf das Papier! Nehmen Sie sich bei einer Wahrnehmung Papier und Stift zur Hand. Nehmen Sie Kontakt mit dem Wahrnehmungsobjekt auf, atmen Sie tief ein und atmen Sie in drei Atemstößen aus. Zählen Sie dabei »3, 2, 1«. Achten Sie nun darauf, ob sich eine leichte Spannung im Zucken der Hand entladen will. Halten Sie dazu den Stift auf dem Papier. Möglicherweise entsteht so ein merkwürdiger Krakel.

Wenn nun bei der weiteren Wahrnehmung ein Bild auftaucht, das Sie später analysieren möchten, so nehmen Sie sich wiederum den Krakel und dazu das innere Bild vor und berühren Sie mit den Fingern oder dem Stift den Krakel an verschieden Stellen.

Achten Sie darauf, wie Bild und gefühlte Wahrnehmung aus dem Krakel interagieren. Was an dem Bild ist wichtig, was unwichtig?

Welches Detail sticht besonders heraus? Wofür steht es? Verändert sich das Bild? Auf diese Weise entschlüsselt das Unbewußte selbst sein Bild!

Nehmen Sie Kontakt mit dem Wahrnehmungsobjekt auf.

Zählen Sie rückwärts oder gehen Sie über die Zähltechnik in den Alphazustand.

Halten Sie dabei einen Stift auf ein leeres Papier und lassen Sie durch ein schnelles Zucken ein Zeichen entstehen.

Nutzen Sie dieses Zeichen, um erneut mit der präattentiven Erfahrung in Kontakt zu gehen.

Automatisches Zeichnen

Wer die Hand nicht sieht, die schreibt, stellt sich vor,
daß die Buchstaben durch die Bewegung des Stiftes entstehen.

Rumi

Das automatische Zeichnen ist eine Fortführung der kinästhetischen Primärbewegung. Im Unterschied zu dieser, kann die automatische Zeichnung auch relativ langsam ausgeführt werden.

Legen Sie dazu ein leeres, am besten ein ganz weißes Blatt (also nicht liniert oder kariert) vor sich und nehmen Sie einen Stift in die Hand. Gehen Sie über Ihre Anker in eine vertiefte Wahrnehmung und nehmen Sie Kontakt mit dem Zielobjekt auf (einem Ort, einer Person, einer Situation, einem Problem). Setzen Sie den Stift auf das Papier, und wenn Sie einen Impuls spüren, so bewegen Sie die Hand mit dem Stift über das Papier. Zeichnen Sie kein Bild, das Sie sehen, sondern lassen Sie die Hand »ziehen«. Folgen Sie einfach spontan entstehenden inneren Bewegungsimpulsen. So bilden sich Geraden, Schlaufen, Spiralen, Kreise... Erst wenn der intuitive Bewegungsimpuls nachläßt, stoppt auch die Zeichnung. Es entsteht so ein Gebilde, ein Symbol für die Qualität des Zielobjektes, wie z.B. in Abb. 26 gezeigt.

Machen Sie eine kurze Pause. Dann nehmen Sie die entstandene automatische Zeichnung und lassen Sie sie wirken. Welche Assoziationen

Abb. 26: Automatische Zeichnung. (Hier der Qualität eines Tempels auf Malta.)

kommen? Welche Gefühle tauchen auf? Fahren Sie mit der Hand über die Zeichnung, wie fühlt sie sich an?

Sie können mit der entstandenen Zeichnung nun so weiter verfahren wie in den Techniken zur Entschlüsselung innerer Bilder beschrieben oder auch ein Focusing auf die Zeichnung machen. Was sind die Hauptaspekte der Zeichnung?

Im TRV konnten Zeichen-Archetypen klassifiziert werden, die bei der kinästhetischen Primärbewegung auftreten. Abb. 27 zeigt einige dieser Archetypen. Diese archetypischen Fragmente innerhalb der Zeichnung können also schon nach der zeichnerischen Primärbewegung Aussagen zulassen, ob das Wahrnehmungsobjekt z. B. mit einem Berg zu tun hat, mit etwas »Wasserähnlichem« – was aber z. B. auch Sand sein kann, der ähnliche Formen nachbildet –, mit einer künstlichen Struktur wie z. B. Architektur, mit Geschwindigkeit oder mit einem der anderen Archetypen aus Abb. 27. Die Archetypen scheinen aus dem kollektiven Unbewußten zu kommen, denn sie sind tatsächlich bei vielen Menschen sehr ähnlich, selbst wenn diese keine Ausbildung als Remote Viewer genossen haben.

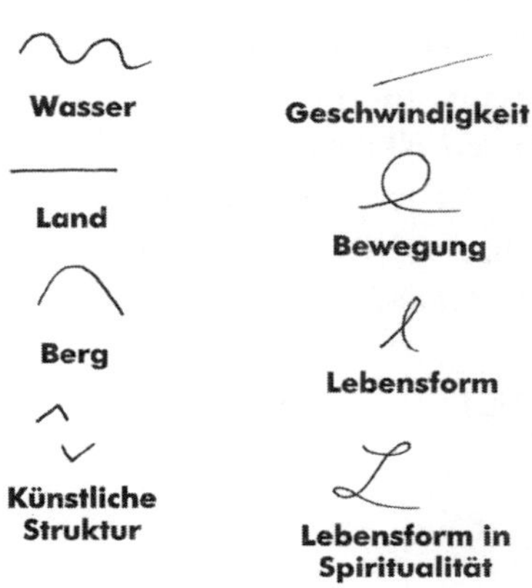

Abb. 27: Einige der Archetypen, wie sie im Technical Remote Viewing genutzt werden.

Der Rapport mit dem Wahrnehmungsobjekt

Esse est percipi.
Sein ist gleichbedeutend mit wahrgenommen werden.
Bischof Berkeley

Unter »Rapport« wird im neurolinguistischen Programmieren (NLP) das Spiegeln eines Zustandes des Gegenübers verstanden. Dadurch, daß eine Person die Haltung einer anderen einnimmt, die gleichen Gesten vollzieht, sich im Atemrhythmus angleicht und anderes mehr, kommt es zu einer nonverbalen Kommunikation beider Personen. Sie treten miteinander in Resonanz, und die Person, die den Rapport ausführt, versteht die andere besser. Die zweite Person wiederum fühlt sich verstanden und aufgehoben und äußert mehr über sich. Sie faßt Vertrauen.

Dieser Prozeß ist auch zu beobachten, wenn zwei Verliebte miteinander flirten. Unbewußt übernimmt die eine Person die Gestik und Bewegung der anderen: Sie greifen zur gleichen Zeit zu ihrem Glas, sie schlagen die Beine übereinander oder eben nicht. Sie lächeln beide zeitgleich usw. Oft kommt es zu empfindlichen Störungen dieses Annäherungs- und Vertrauensprozesses, wenn eine der beiden mehrmals erleben muß, daß der Partner wegschaut, während sie sich gerade zuwendet. Schon ist der Flirt gestört.

Therapeuten setzen diese körperliche Spiegelung gerne ein, um die Interaktion mit dem Patienten oder Klienten zu erhöhen. Im Verkauf nutzen NLP-geschulte Verkäufer den Rapport mit dem Kunden zur Umsatzsteigerung. Da dieses Buch Bestandteil einer Geomantieschulungsreihe ist, möchte ich eine Übung vorschlagen, mit einem Ort diesen Rapport auszuführen. Wie ist das möglich?

Übung 21: Rapport mit dem Ort

Begeben Sie sich an einen Ort, über den Sie mehr erfahren möchten. Nun betrachten Sie den Ort eine Weile. Wie wirkt er auf Sie? Welche Atmosphäre hat er?

Schließen Sie die Augen und stellen Sie sich vor, Sie wären der Ort. Nehmen Sie z.B. die Haltung des beherrschenden Baumes ein oder die des Berges, auf dem die kleine Kapelle steht. Versuchen Sie, den innewohnenden Rhythmus des Ortes zu erspüren, und fangen Sie damit an, in diesem Rhythmus zu atmen. Dadurch entsteht eine individuelle Orts-Trance-Haltung mit spezifischem Rhythmus. Bleiben Sie eine Weile in dieser Haltung und Atmung. Wenn Sie wollen, können Sie zusätzlich nacheinander die medialen Wahrnehmungszentren aktivieren (Scheitel, Stirn, Über den Ohren, Solar Plexus) und so bewußt die verschiedenen Wahrnehmungskanäle öffnen. Der Rapport ist ein geöffnetes Portal zur Qualität des Ortes, eine aufgebaute Resonanz. Die anderen Techniken lassen Ihnen Informationen nach Wahrnehmungskanal sortiert zufließen.

Beim Rapport übernehmen Sie Haltung, Gestik, Atemrhythmus usw. des Gegenübers, um so in eine stärkere Resonanz zu kommen.

Beim Rapport mit einem Ort übernehmen Sie – in übertragenem Sinn – die »Haltung« des Ortes, seinen inneren Rhythmus usw.

Die Trance

Trance ist die biologische Tür zur
anderen, heiligen Wirklichkeit.
Felicitas Goodman

Wir assoziieren Trance oft mit abgedrifteten Eingeborenen, die unter Drogeneinfluß mit verdrehten Augen und Schaum vor dem Mund überhaupt nicht mehr ansprechbar sind, und verwechseln damit Trance und Ekstase. In leichte Trance »rutschen« wir sehr schnell hinein, und das auch mehrmals täglich: Wir fahren müde nach der Arbeit in der S-Bahn nach Hause. Der Wagen schaukelt im Takt, und wir fangen an, uns an verschiedene Dinge zu erinnern... schon sind wir in einer leichten Trance. Während einer Trance herrschen sogenannte Theta-Gehirnwellenrhythmen vor. Wir gelangen in Trance durch Drogen, Bewegung (Tanz), Schlafentzug, monotone (Sprech-)Gesänge (Mantren, Rosenkranzgebet), Atemtechniken wie Hyperventilation oder durch gleichmäßige Beats.

Für die Anthropologin Felicitas Goodman waren die künstlerischen Darstellungen von Menschen in z. T. ungewöhnlichen Körperhaltungen Anlaß, über die psychoaktive Wirkung dieser Haltungen zu forschen. Sie fand in Statuetten und Zeichnungen verschiedenster Kulturen zunächst über zwanzig Körperhaltungen, die veränderte Bewußtseinszustände herbeiführen. Inzwischen sind es weit mehr solcher Haltungen. Gefördert wird die Trance durch rhythmisches Rasseln mit einem Beat von etwa 210 Schlägen pro Minute. Im Felicitas-Goodman-Institut werden solcherart Trancehaltungen ausschließlich mit rituellem Kontext geübt. Auf einen Artikel hin, in dem ich eine Trancehaltung ohne den rituellen Kontext beschrieben hatte, erregte ich den Unmut einer Teilnehmerin der Lehrgänge dieses Instituts. Dennoch möchte ich ganz bewußt auch hier die Trancehaltung ohne rituellen Kontext wie Räuchern, Anrufen der Geister o. ä. vorschlagen. Durch eine rituelle Vorbereitung kann die innere Ausrichtung der Trance unterstützt werden, die grundlegende Technik funktioniert aber auch ohne das Ritual. Eine dieser

Trancehaltungen, die besonders gut für Wahrnehmungen von Orten, Situationen oder Problemen geeignet ist, ist die Wahrsagehaltung der »Wahrsagerin von Cholula«. Sie beruht auf einer präkolumbianischen Tonfigur aus Cholula, Mexiko.

Übung 22: Trancehaltung »Wahrsagerin von Cholula«
Setzen Sie sich auf einen Stuhl oder Hocker. Die Beine stehen etwa schulterbreit auseinander. Die rechte Hand umfaßt das rechte Bein unterhalb des Knies. Die linke Hand liegt locker auf dem linken Knie. Die Augen sind geschlossen, und die Zunge liegt zwischen den Lippen.

Stellen Sie sich innerlich eine Frage, z. B.: Was ist die wesentliche Qualität oder Eigenschaft des Ortes? Sie können auch den Ort vor Ihr inneres Auge nehmen oder sich mit dem anliegenden Problem innerlich in Verbindung bringen.

Atmen Sie ruhig und entspannt und lauschen Sie den Geräuschen der Rassel.

Erwarten Sie nichts und freuen Sie sich über die auftauchenden Bilder und Worte.

Um gut und tief in Trance zu kommen, sollte die Haltung und das Rasseln gut 15 Minuten oder auch länger dauern, wobei dies bei Anfängern leicht zur Erschöpfung führen kann. Inzwischen gibt es auch CDs mit Trommel- oder Rasseltönen für derlei Trancearbeit, so daß man eine solche Wahrsage-Trance auch alleine üben kann.

Eine andere Trancehaltung, die sich besonders für die Erfahrung der Kraft eines Ortes eignet, ist die Haltung der Göttin von Malta.

Übung 23: Trancehaltung »Göttin von Malta«
Stellen Sie sich hin, die Füße etwa schulterbreit auseinander. Die Füße stehen parallel. Der rechte Arm hängt, so daß die Handinnenfläche den Oberschenkel berührt. Die linke Hand liegt etwas über dem Bauchnabel. Die Augen sind geschlossen, der Mund leicht geöffnet. Geatmet wird durch den Mund.

Fünfte Übung zur Fernwahrnehmung

Ohne Ihnen Angst machen zu wollen, aber die
pure Tatsache Ihrer Existenz bedeutet nicht zwangsläufig,
daß Sie mit einem Gehirn ausgestattet sind.
Arvid Leyh

Unsere fünfte Fernwahrnehmungsübung nimmt die Trancehaltungen zu Hilfe. Dazu bräuchten Sie aber eine Person, die Ihnen hilft und rasselt oder trommelt (etwa 210 Schläge pro Minute), oder Sie besorgen sich eine entsprechende CD.

Übung 24: Fünfte Fernwahrnehmung

Entscheiden Sie sich für eine der beiden Trancehaltungen »Göttin von Malta« oder »Wahrsagerin von Cholula«. Bereiten Sie vor, was Sie benötigen:

- CD im CD-Spieler
- ggf. einen Stuhl
- (Eine Matte und eine Decke sind nicht schlecht, um die Trance im Liegen ausklingen zu lassen.)
- Wasser (Wenn man durch den Mund atmet, trocknet dieser schnell aus.)
- Stellen Sie das Telefon ab und sorgen Sie dafür, daß Sie nicht gestört werden.
- Zünden Sie eine Kerze an, wenn Sie möchten.
- Wenn Sie sich mit Räucherungen auskennen, können Sie gerne den Raum und sich selbst mit z.B. Salbei räuchern.
- Schreiben Sie den Zahlencode auf einen Zettel:

180202
110001

- Nehmen Sie die Haltung wie beschrieben ein und schließen Sie die Augen.

- Fokussieren Sie sich noch einmal auf das, was sich hinter dem Zahlencode verbirgt, z.B. mit der Bitte: »Gib mir wesentliche Informationen und Erfahrungen dieses Wahrnehmungsobjektes.«
- Lassen Sie das Rasseln/Trommeln beginnen und bleiben Sie etwa 15 Minuten in der Trancehaltung.
- Legen Sie sich anschließend hin und lassen Sie die Trance ausklingen.
- Bewegen Sie dann bewußt alle Gelenke, spannen Sie die Muskeln an und lassen sie wieder los, bis Sie Ihren Körper wieder gut spüren können.
- Notieren Sie dann Ihr Erlebnis.
- Arbeiten Sie das Erlebnis in ähnlicher Weise auf wie den programmierten Traum (Focusing).
- Benennen Sie Hauptaspekte.

Wahrnehmungshaltungen

Die beste Weise, Fische zu beobachten, besteht darin,
selber zum Fisch zu werden.
Jacques-Yves Cousteau (1910 - 1997),
frz. Meeresbiologe

Wir können der Welt auf unterschiedliche Art begegnen: Aktiv oder (scheinbar) passiv – wir können die Welt »erleiden« oder »erschaffen«.

Nehmen wir an, Sie sehen in einem Café einen Menschen, der Sie interessiert, und Sie möchten mehr über ihn erfahren. Welche Möglichkeiten haben Sie? Nun, Sie können natürlich auf ihn zugehen und ihn ansprechen. Oder – wenn Sie sich nicht trauen – können Sie sich quasi »öffnen«, sich irgendwie »interessant« machen und hoffen, daß er Sie bemerkt und mit Ihnen Kontakt aufnimmt. Auch dies wäre natürlich ein aktiver Vorgang. Wahrnehmung ist immer aktiv, erschaffend. Sie würden also eine »Situation des Bemerktwerdens« erschaffen.

Diese beiden Wahrnehmungshaltungen stehen Ihnen grundsätzlich bei jeder Wahrnehmung zur Verfügung. Sie können dem Wahrnehmungsobjekt *dominant* oder *rezeptiv* begegnen.

Übung 25: Wahrnehmungshaltung

Suchen Sie sich ein Wahrnehmungsobjekt, z.B. einen Baum oder einen schönen Stein, und setzen Sie sich in einigem Abstand davor. Im ersten Teil dieser Übung geht es nicht darum, viel über das Objekt herauszufinden, sondern sich selbst zu beobachten, wie sich die jeweilige Wahrnehmungshaltung anfühlt.

Schließen Sie die Augen und gehen Sie in Ihre Mitte. Atmen Sie entspannt, schaffen Sie *Freiraum* und begeben Sie sich in den Alphazustand.

Wenn Sie bereit sind, nehmen Sie *dominant* mit dem Wahrnehmungsobjekt Kontakt auf. Wie kann das geschehen?

- Vielleicht stellen Sie sich vor, wie Sie zu dem Objekt hingehen und es berühren.
- Oder Sie »klopfen innerlich an«.
- Oder Sie stellen sich vor, wie etwas, eine Kraft, von Ihnen ausgeht und am Wahrnehmungsobjekt »andockt«.

Seien Sie kreativ!

Beobachten Sie dabei, wie sich die Art der Kontaktaufnahme anfühlt, was sie mit Ihnen macht. Kehren Sie dann in Ihre Mitte zurück und starten Sie eine neue Kontaktaufnahme. Wiederholen Sie dies öfter.

Schließlich probieren Sie die andere Haltung. Gehen Sie zunächst wieder in Ihre Mitte. Nun »öffnen« Sie sich *rezeptiv* (annehmend, empfangend) dem Wahrnehmungsobjekt.

Stellen Sie sich vor,

- Sie würden ein Fenster zu Ihrer Mitte aufmachen,
- Sie würden einen Vorhang beiseiteziehen,
- oder Sie würden ein großes »Welcome« schreiben.

Seien Sie kreativ! Finden Sie einen eigenen Weg, sich zu öffnen! Beobachten Sie dabei, wie sich die Art der Kontaktaufnahme anfühlt. Ist ein Unterschied zur dominanten Haltung wahrnehmbar? Kehren Sie zurück in die eigene Mitte und wiederholen Sie die rezeptive Haltung öfter.

Nun versuchen Sie das Wahrnehmungsobjekt wahrzunehmen und Informationen zu erhalten wie in Übung 3 oder 12. Wie unterscheidet sich die Qualität der Wahrnehmungen in der dominanten und der rezeptiven Haltung? Welche »Kanäle« (Hören, Sehen, Fühlen, Wissen) sind für welche Haltung besser geeignet?

Neben der dominanten und der rezeptiven Wahrnehmungshaltung gibt es noch eine dritte: Die *Identifikation*. Sie werden selbst zum Wahrnehmungsobjekt! Im Grunde tun wir dies ohnehin, wenn wir die äußere Realität als innere Wirklichkeit »nachbauen«. Nun aber versuchen wir, uns bewußt zu identifizieren. Zwei Wege führen zur Identifikation: Ein dominanter und ein rezeptiver – das kennen wir ja schon!

Übung 26: Identifikation
Setzen Sie sich in einigem Abstand vor ein Wahrnehmungsobjekt. Vielleicht eine Blume, einen Stein, einen Baum... Schließen Sie die Augen, gehen Sie in Ihre Mitte, schaffen Sie Freiraum, gehen Sie in Alpha...

a) Der dominante Weg
Stellen Sie sich vor, wie Sie sich dem Objekt nähern, und suchen Sie nach einem »Portal«, einer »Öffnung«. Schlüpfen Sie hinein. Egal wie klein das Objekt oder die Öffnung sein mag, Ihr Bewußtsein kann kleiner sein!

Wenn Sie einen Zugang gefunden und in das Wahrnehmungsobjekt geschlüpft sind, dehnen Sie sich aus, mehr und mehr und immer mehr... Sie nehmen dabei die Form des Objektes an, bis Sie es ganz ausfüllen, und werden so selbst zum Stein, zur Blume, zum Baum.

Nun nehmen Sie wahr: Wie fühlen Sie sich? Wie sehen Sie die Welt um sich herum? Wie hören Sie die Geräusche? Was »wissen« Sie über die Welt? Lassen Sie sich Zeit.

Lösen Sie sich wieder von dem Objekt und kehren Sie zurück in die eigene Mitte. Wenn Sie wieder ganz Sie selbst sind, probieren Sie den rezeptiven Weg.

b) Der rezeptive Weg
Nutzen Sie den Rapport (Übung 21), um mit dem Wahrnehmungsobjekt in Resonanz zu gehen. Nehmen Sie dessen Haltung ein, seinen (Atem-) Rhythmus, sein Wesen.

Öffnen Sie sich dann innerlich und warten Sie, daß das Objekt »zu Ihnen kommt«. Lassen Sie zu, daß es mit Ihnen verschmilzt.

Nun nehmen Sie wahr: Wie fühlen Sie sich? Wie erleben Sie die Welt um sich? Was und wie hören Sie? Was wissen Sie?

Lösen Sie sich schließlich wieder, kehren Sie zurück in die eigene Mitte und verschließen Sie sich.

Dominanz, Rezeptivität und Identifikation haben ihre jeweils eigenen Stärken und Schwächen. Vielleicht konnten Sie erleben, daß Sie bei der dominanten Wahrnehmungshaltung besser die Kontrolle halten konnten, daß z.B. der Ablösungsvorgang vom Objekt nach der Übung leichterfiel als bei der rezeptiven Haltung oder gar der Identifikation. Vielleicht konnten Sie erleben, daß die rezeptive Haltung wesentlich weicher, intimer, »weiblicher« ist und folglich sich die Qualität der Wahrnehmungen verändert. Ja, vielleicht durften Sie erkennen, wie in der Identifikation z.B. mit einer Pflanze oder einem Stein sich die Welt plötzlich ganz anders darstellt als gewohnt.

Keine der drei Wahrnehmungshaltungen ist richtig, keine ist falsch. Jede bietet einen ihr eigenen Zugang in die uns umgebene Realität. Arbeiten Sie mit der Haltung, die Ihnen am besten gefällt und mit der Sie sich am leichtesten tun ... und üben Sie die anderen!

Da Wahrnehmung immer auch ein schöpferischer Prozeß ist, wird Ihre Haltung vom »Wahrnehmungsobjekt« auch jeweils anders wahrgenommen. Vielleicht haben Sie ja Lust, mit einem guten Freund, der sich als »Wahrnehmungsobjekt« zur Verfügung stellt, Übung 25 noch einmal zu machen?! Lassen Sie sich anschließend von ihm berichten, wie er sich jeweils gefühlt hat. Lassen Sie sich versichern, die Unterschiede sind immens!

Die drei Wahrnehmungshaltungen sind:
- **die dominante Wahrnehmungshaltung**
- **die rezeptive Wahrnehmungshaltung**
- **die Identifikation**

Sechste Übung zur Fernwahrnehmung

Erfahrung ist eine verstandene Wahrnehmung.

Immanuel Kant

Dies soll unsere letzte Fernwahrnehmungsübung sein. Doch wenn Sie daran Gefallen gefunden haben, finden Sie in den Anhängen weitere Zahlencodes, deren Auflösung Sie im Internet finden oder schriftlich erfragen können.

Da es die letzte Übung zu den Zahlencodes ist, möchte ich die Übung als Freiraum anbieten.

- Nehmen Sie das Zielobjekt über die vier Wahrnehmungskanäle wahr.
- Analysieren Sie die Bilder nach einer der vorgeschlagenen Methoden.
- Träumen Sie über das Objekt.
- Machen Sie eine Trance.
- Vielleicht versuchen Sie ja einmal eine Identifikation?!
- Fertigen Sie eine Automatische Zeichnung an
- ... oder kombinieren Sie die Übungen des Buches frei.
- Vielleicht wäre es auch eine Anregung, über mehrere Tage hinweg alle Übungen dieses Buches (soweit möglich) auf diesen Zahlencode anzuwenden und erst anschließend aus der Summe aller Wahrnehmungen Aussagen zu extrahieren.

Seien Sie kreativ!

Übung 27: Sechste Fernwahrnehmung

Vorbereitung je nach gewählter Methodik.

Zahlencode:

020202
110003

Erdung – Mitte – Schutz

Welchen Zustand wir wahrnehmen,
in den treten wir selbst.
Schiller

Wahrnehmung, so müßte inzwischen deutlich geworden sein, ist ein aktiver Vorgang. Wir gehen mit Objekten der Außenwelt in Resonanz, indem wir die äußere Realität als innere Wirklichkeit neu erstehen lassen. Wir holen sozusagen die Objekte in unsere Innenwelt, in unser Bewußtsein. Forschungen auf dem Gebiet der Biophotonen haben gezeigt, daß z. B. Krankheiten nur durch Sichtkontakt übertragbar sind: Ratten in luftdicht abgeschlossenen Käfigen erkrankten an den Krankheiten Ihrer Artgenossen im Nebenkäfig. Nur dadurch, daß das Licht und die mit ihm übermittelten Informationen die Glaswände der Käfige durchdringen konnten, zeigten die Tiere die gleichen körperlichen Symptome.

Wahrnehmung bringt uns in Resonanz mit dem Objekt außerhalb von uns, oder anders gesagt: Wahrnehmung läßt in gewisser Weise das Objekt zu einem Teil des Subjekts werden. In Medizin und Psychotherapie ist seit langem bekannt, daß eine angenehme, schöne Umgebung unsere seelischen und körperlichen Regenerationsprozesse fördert und unser Immunsystem stärkt. Allein das Betrachten schöner Landschaften oder ästhetischer Kunstwerke heilt.

In der medialen Wahrnehmung wissen wir oft erst zeitverzögert, ob das, worauf wir uns innerlich eingelassen haben, angenehm oder unangenehm ist. In der Radiästhesie zum Beispiel, dem klassischen Pendeln und Rutengehen, geht der Radiästhet im Fachgebiet der *Geopathologie* immer wieder mit krankmachenden Zonen wie Wasseradern oder geologischen Verwerfungen in Resonanz. Dies hinterläßt seine Spuren. Rutengänger, die sich überwiegend mit der krankmachenden Seite eines

Ortes beschäftigen und dabei wenig Psychohygiene betreiben, schwächen ihr Immunsystem stark, altern schneller oder erkranken gar an ähnlichen Krankheiten wie ihre Klienten. Aus eigenen Erfahrungen bei Erdheilungsarbeiten weiß ich, wie erschöpfend Wahrnehmungen an »belasteten« Orten sein können. Daher soll das letzte Kapitel dem übergeordneten Thema »Schutz« gewidmet sein. Im folgenden möchte ich einige Methoden beschreiben, die helfen, Warn- und Schutzfilter aufzubauen, sich zu reinigen und zu regenerieren. Die Übungen und Techniken sind zum Teil verschiedenen Systemen der Körperarbeit wie dem chinesischen Qi Gong oder dem keltischen WYDA entlehnt.

Die eigene Mitte

> Das erste Zeichen seelischer Gelassenheit, so meine ich, ist,
> innehalten zu können und bei sich selbst zu verharren.
> *Seneca*

Mehrmals habe ich Sie in den vergangenen Übungen aufgefordert, in die »eigene Mitte« zu gehen. Die eigene Mitte ist kein geometrischer Schwerpunkt des Körpers, sondern jener Ort in Ihnen, an dem Sie sich ganz bei sich selbst, ganz *authentisch* fühlen. Dieser Raum kann im Brustbereich sein oder im Bauch, aber ebenso gut seitlich versetzt sein. Die folgende Übung soll noch einmal helfen, sich der eigenen Mitte bewußtzuwerden.

Übung 28: Mitte

Phase 1: Die eigene Mitte finden

Setzen Sie sich bequem hin. Schaffen Sie sich innerlich Freiraum. Schliessen Sie die Augen und atmen Sie einige Male tief ein und aus. Wenn Sie möchten, können Sie über die Zähltechnik und Ihre persönlichen Anker in den Alphazustand gehen.

Nun spüren Sie in Ihren Körper, Ihre Zehen, Füße, Beine. Werden Sie sich des Beckenraumes bewußt, Ihres Bauchs und der Brust. Nehmen Sie Hände, Unter- und Oberarme wahr.

Schließlich spüren Sie den Hals- und Kopfraum. Nehmen Sie nun Ihren ganzen Körper wahr. Spüren Sie dessen Grenze, Ihre Haut... lassen Sie sich dafür Zeit!

Und nun versuchen Sie wahrzunehmen, wo sich Ihre Mitte befindet. Wo spüren Sie sich selbst, Ihr innerstes Wesen am besten? Gehen Sie dort mit Ihrer Aufmerksamkeit hin. Wie fühlt sich dieser Ort, dieser Raum an? Wie groß ist er? Hat er eine Farbe? Einen Ton oder gar eine Melodie? Verweilen Sie in Ihrer Mitte!

Phase 2: Der Weg zur eigenen Mitte

Wenn Sie Ihre Mitte gefunden und erspürt haben, bewegen Sie Ihr Bewußtsein an die Grenze des Körpers, zu Ihrer Haut. Nehmen Sie diesen Übergang von innen und außen wahr – und kehren Sie dann in die eigene Mitte zurück. Wiederholen Sie dies mehrmals.

Nun gehen Sie einen Schritt weiter: Öffnen Sie die Augen und sehen Sie ein Objekt der Umgebung an. Nehmen Sie es auch gefühlsmäßig und akustisch wahr, ähnlich wie in Übung 3. Schließen Sie die Augen wieder und kehren Sie zurück in die eigene Mitte. Wiederholen Sie diesen Gang nach außen und zurück in die eigene Mitte mehrmals.

Diese Übung verhilft Ihnen dazu, den Bewußtseinsweg von einem Objekt der Realität zu Ihrer eigenen Wirklichkeit der Mitte zu finden. Es ist wichtig, diesen Weg so gut es irgend geht zu kennen. Unsere Mitte ist unser Bezugspunkt, der Kern unseres Wesens (oder zumindest so nahe daran, wie es nur geht). In manchen Wahrnehmungsprozessen vor allem geistiger Wirklichkeiten kann es geschehen, daß wir uns zu verlieren glauben. In einer solchen Situation ist die eigene Mitte ein stabiler Anker; ein Ort des Seins, der uns hilft, Verwirrungen zu überstehen. Wann immer Sie das Gefühl haben, daß Sie von dem Wahrgenommenen überwältigt werden, daß Sie sich verlieren oder sich nicht mehr spüren können, kehren Sie zurück in die eigene Mitte!

Die Lokalisierung der eigenen Mitte des Körpers kann sich durchaus ändern. Vielleicht nehmen Sie sie eine Weile lang im Bauch wahr und nach einiger Zeit in der Brust. Das ist in Ordnung. Der physische Ort kann sich ändern, aber das Gefühl, in der Mitte zu sein, bei sich zu sein, wird bleiben. Dieses Gefühl, verbunden mit weiteren Ankern wie Farben oder Klängen, ist Ihr Wegweiser zur eigenen Mitte. Mit etwas Übung werden Sie blitzartig den Weg zur eigenen Mitte finden können, um sich so spontan innerlich zu stabilisieren. Den Weg zur eigenen Mitte zu kennen, ist für mich *der* Schutzmechanismus für das Bewußtsein überhaupt. Sie können die merkwürdigsten Bewußtseinserfahrungen durchlaufen, Ihre Mitte führt Sie zu sich selbst zurück.

Die Verbindung der Felder

Der Organismus reagiert auf das Wahrnehmungsfeld
als ein organisiertes Ganzes.
Carl Rogers

Wir haben verschiedene Wahrnehmungsebenen, verschiedene Ebenen des Seins. Eine Möglichkeit, diese Ebenen zu benennen und einzuteilen, ist in unserer westlichen Kultur sehr bekannt: Körper, Seele und Geist. Ähnlich wie die »medialen Wahrnehmungszonen« oder die aus dem Indischen bekannten Chakren, gibt es für unsere drei Seinsebenen drei Ansprechpunkte oder »Portale« in unserem Körper. Im chinesischen Qi Gong sind sie als das untere, das mittlere und das obere Dantien bekannt. Im keltischen Übungssystem des WYDA kennt man sie als das Vital-, Emotional- und Mentalfeld.

Das Vitalfeld befindet sich in der Bauchregion. Es ist zuständig für unsere Lebensprozesse auf körperlicher und vitalenergetischer Ebene und wird durch den Laut »A« aktiviert.

Das Emotionalfeld befindet sich im Brustbereich. Es verarbeitet unsere Gefühle und wird durch das »O« gestärkt und harmonisiert.

Das Mentalfeld schließlich befindet sich im Bereich des Kopfes und beeinflußt unsere Gedankenmuster. Sein Laut ist das »M«.

Sind alle drei Felder und damit Seinsbereiche im Einklang und verbunden, so ist dies eine gute Voraussetzung für innere Stabilität und ein funktionierendes Filter- und Alarmsystem. Die Übung »Verbindung der Felder« unterstützt unsere innere Ganzheit und trägt so dazu bei,

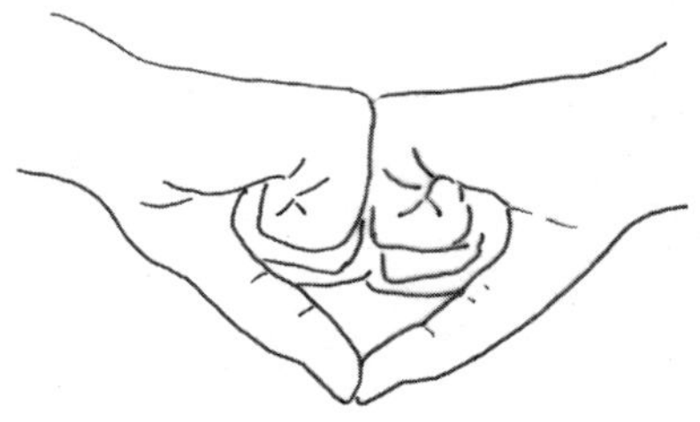

Abb. 28: Die »Druidenfaust« im WYDA

daß wir bei der Wahrnehmung nicht völlig abdriften oder nach einer aufwühlenden Bewußtseinserfahrung uns wieder im physischen Körper verankern können.

Die drei Felder werden während der Übung zum einen durch die ihnen zugeordneten Laute (A - O - M) aktiviert, zum anderen körperlich. Dazu werden die beiden Hände in spezieller Weise vor das entsprechende Feld gehalten: Die Hände werden zu Fäusten geschlossen und die Fäuste aneinandergelegt wie in Abb. 28 gezeigt. Die Daumen berühren sich an ihren Fingerkuppen und zeigen nach unten. Die Handrücken zeigen nach oben.

Übung 29: Verbindung der Felder

Stehen Sie aufrecht. Die Füße stehen schulterbreit auseinander. Legen Sie die Fäuste wie gezeigt aneinander und halten Sie sie vor das Mentalfeld, vor die Stirn (Abb. 29a). Summen Sie ein »M«, so daß der Kopf vibriert. Dabei werden die Fäuste geöffnet und die Arme in einem großen Kreis zunächst nach oben und dann seitlich nach unten geführt, um sich schließlich in der Körpermitte wieder nach oben zu bewegen, bis sich die Hände vor der Brust, dem Emotionalfeld, befinden.

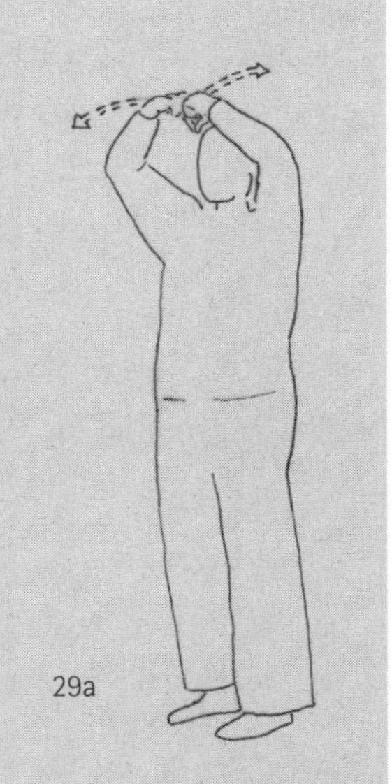

➸

Hier schließen Sie die Hände wieder zu Fäusten und legen sie aneinander (Abb. 29b). Tönen Sie nun den Laut »O«. Wiederum werden die Arme, während Sie tönen, in einem großen Kreis bewegt. Stellen Sie sich dabei vor, wie sich das Emotionalfeld mit dem Mentalfeld und dem Vitalfeld verbindet und eine Schutzhülle um Ihren ganzen Körper gelegt wird.

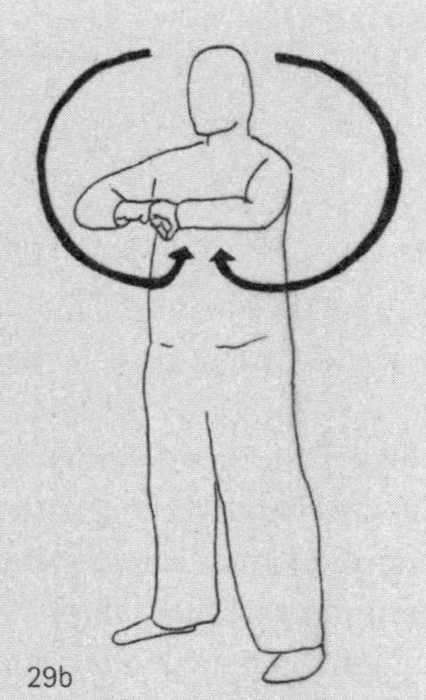
29b

Schließlich berühren sich die Fäuste vor dem Vitalfeld (Bauch, Abb. 29c). Tönen Sie nun das »A« und aktivieren Sie damit Ihre Lebenskräfte. Halten Sie die Fäuste eine Weile vor dem Bauch, während Sie tönen.

Nun werden die Arme vor der Körpermitte nach oben bis über den Kopf geführt. Dort öffnen Sie die Arme und nehmen sie V-förmig auseinander, so als wollten Sie die Kraft des Himmels aufnehmen. Hier lassen Sie den Ton »A« abbrechen (Abb. 29d).

Wiederholen Sie den ganzen Vorgang mindestens drei Mal.

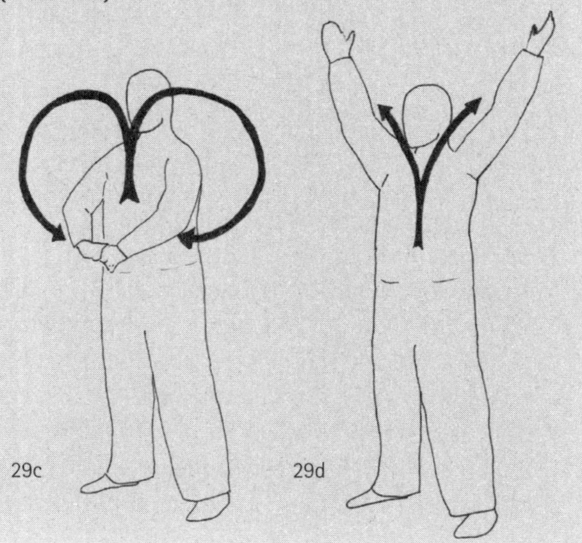
29c 29d

Die »Schildkröte«

Schildkröten können dir mehr
über den Weg erzählen als Hasen.
Chinesisches Sprichwort

Haben Sie nach einer Wahrnehmung das Gefühl, wenig geerdet oder gar körperlich-energetisch ausgelaugt zu sein, so hilft die Qi-Gong-Übung »Schildkröte«. Die Übung lädt den *Leib*, also den physischen Körper, aber auch die feinstofflichen Systeme, sehr schnell mit der feinenergetischen Lebenskraft »Qi« auf. Vor allem das »Qi der Erde« (»Diqi«) wird in den Leib »gesaugt« und führt uns so spontan zurück in den Körper, was auch für eine starke Erdung sorgt.

Übung 30: Schildkröte
Stehen Sie aufrecht. Die Füße stehen schulterbreit auseinander und parallel (Zehen nach vorne).

Phase 1: Blasbalg-Atmung
Legen Sie die Hände auf den Bauch, etwas unterhalb vom Bauchnabel. Beginnen Sie nun damit, stoßweise auszuatmen. Dabei ziehen Sie die Bauchdecke bewußt ein. Lassen Sie wieder los und den Atem wieder einströmen. Am besten konzentrieren Sie sich nur auf das stoßweise Ausatmen, wie bei einem Blasebalg, der zusammengedrückt wird. Das Einatmen lassen Sie einfach geschehen. Nicht hecheln oder hyperventilieren! Atmen Sie auf diese Weise 20 bis 30 Mal.

Phase 2: Schildkröte
Mit einem tiefen Einatmen begeben wir uns in die eigentliche Stellung »Schildkröte« (Abb. 30a): Beugen Sie sich nach vorne und stützen Sie die Ellbogen auf die Innenseite der Knie. Der Oberkörper ist parallel zum Boden. Die Zunge liegt am Gaumen an. Atmen Sie mehrmals tief ein und stellen Sie sich dabei vor, wie Sie die »Erdkraft« durch die Fußsohlen und Beine hinauf in den Rücken saugen wie durch Strohhalme. Beim Ausatmen lassen Sie in Ihrer Vorstellung das »Qi der Erde« im Rücken los, so

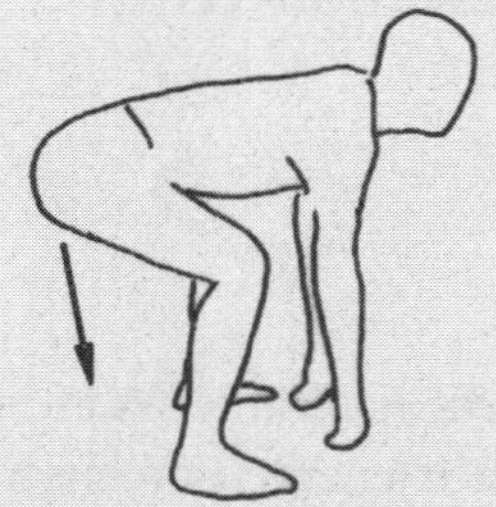

Abb. 30a: Qi Gong Übung »Schildkröte«

Abb. 30b: Qi Gong Übung »Wasserbüffel«

daß es sich im Rücken wie ein Schildkrötenpanzer verteilt. Atmen Sie auf diese Weise etwa zehn Mal.

Nun lenken Sie beim Einatmen die Energie weiter bis in den Kopf, zum *Scheitelpunkt*, der »Fontanelle«, und lassen Sie das Qi dort los. Atmen Sie auf diese Weise etwa vier bis fünf Mal. Achten Sie darauf, daß die Zunge am Gaumen anliegt!

Phase 3: Wasserbüffel
Lassen Sie die Zunge am Gaumen. Senken Sie das Gesäß so weit es geht, ohne daß die Fersen vom Boden abheben (Abb. 30b). Optimal ist es, in die Hocke zu gehen. Die Hände werden wie zum Schutz vor den Damm gehalten. Atmen Sie einige Atemzüge ganz entspannt und stellen Sie sich dabei vor, wie das Qi vom Scheitelpunkt aus auf der Vorderseite des Körpers in den Bauch- und Beckenraum fließt. Atmen Sie entspannt etwa fünf bis zehn Atemzüge.

Phase 4: Aufrichten
Nun richten Sie sich *langsam* auf und kommen Sie wieder zum Stehen. Da die Übung physiologisch ähnlich wirkt wie ein Kopfstand und kurzfristig viel Blut in den Kopf gepumpt wird, kann Ihnen kurz schwindelig werden. Stehen Sie ruhig und atmen Sie entspannt in den Bauchraum, bis Sie wieder sicher stehen.

Spüren Sie nach, wie sich die eingeatmete Kraft im Körper verteilt und Ihre Vitalkräfte stärkt.

Der heilende Laut

Leere Dein Gefäß, damit Du es füllen kannst.
Laotse

Im Qi Gong werden entsprechend den fünf chinesischen Elementen (Holz, Feuer, Erde, Metall und Wasser) den fünf Hauptorganen (Leber, Herz, Magen, Lunge und Niere) fünf Laute zugeordnet. Daneben gibt es aber noch ein sozusagen übergeordnetes oder metaphysisch-energetisches Organ, den *Dreifachen Erwärmer.* Sein Laut und eine dazugehörige Visualisation helfen dem *Leib* (wiederum ist sowohl der physische als auch der feinenergetische Körper in seiner Gesamtheit gemeint), sich von »Fremdinformationen« zu reinigen. Bei jedem Wahrnehmungsvorgang gehen wir in Resonanz mit dem Wahrnehmungsobjekt. Diese Resonanz, dieses »Verinnerlichen« von Informationen kann als angenehm oder belastend empfunden werden. Diese Übung verhilft Ihnen dazu, sich weitestgehend von solchen Belastungen zu befreien.

Der Laut des *Dreifachen Erwärmers* ist ein gehauchtes, also ohne Stimme durchgeführtes »Hhhiiiiii...«

Übung 31: Der Laut des Dreifachen Erwärmers
Setzen Sie sich aufrecht, aber bequem auf einen Stuhl. Legen Sie die Hände auf die Oberschenkel. Die Handflächen weisen nach oben. Schließen Sie die Augen. Lächeln Sie nun in Ihren ganzen Körper hinein. Beginnend bei den Fußsohlen, über die Knöchel, Waden, Knie und Oberschenkel, bis in den Beckenraum. Lächeln Sie in Ihre Finger, Hände, Unter- und Oberarme, Ihren Bauch- und Brustraum. Lächeln Sie in Ihre Schultern, den Nacken, den Kopf. Lächeln Sie in Ihr Gehirn, die linke und die rechte Hemisphäre, das Stammhirn, das limbische System und in das Großhirn.

Visualisieren Sie ein kristallweißes Licht, das den ganzen Körper, jede Zelle, erfaßt.

Nun stellen Sie sich vor, Ihr Körper sei ein Gefäß, sei eine Vase oder ein Krug. Langsam füllt sich Ihr Körpergefäß *von unten her* mit kristallklarem

Wasser. Es löst alle Fremdstoffe in den Zellen und wäscht sie rein. Fahren Sie fort, bis das »Wasser« Ihre Schädeldecke erreicht hat.

Atmen Sie tief ein. Jetzt visualisieren Sie, wie zwei Stöpsel an den Fußsohlen gezogen werden und das Wasser über die Fußsohlen in die Erde abfließt und dabei alle »Verunreinigungen« mitnimmt. Dazu atmen Sie aus und hauchen den Laut des *Dreifachen Erwärmers*: »Hhhiiiii...«

Wenn das »Wasser abgeflossen« ist, schließen Sie die Öffnung an den Fußsohlen wieder und atmen Sie entspannt weiter. Visualisieren Sie dabei erneut das kristallweiße Licht, das jede Zelle durchdringt, und lächeln Sie in Ihren Körper.

Wiederholen Sie das Anfüllen mit »Wasser« und das anschließende Abfließenlassen mit dem heilenden Laut mindestens drei Mal oder so oft, bis Sie das Gefühl von innerer Befreiung erfahren.

Verbindung von Himmel und Erde

Es war, als hätt, der Himmel
Die Erde still geküßt,
Daß sie im Blütenschimmer
Von ihm nun träumen müßt.
Joseph von Eichendorff

Die nächste Übung kommt wieder aus dem keltischen WYDA. Es gibt sie aber in einer sehr ähnlichen Version auch im Yoga. Die »Verbindung von Himmel und Erde« kommt einer Verankerung gleich. Sie hilft uns, geerdet zu sein und dennoch »geistig angebunden« zu bleiben. Diese Übung kann gut *vor*, aber auch *nach* medialen Wahrnehmungsvorgängen durchgeführt werden.

Übung 32: Verbindung von Himmel und Erde

Die Übung wird im Stehen durchgeführt. Die Beine sind geschlossen. Die Arme hängen zunächst locker neben den Oberschenkeln (Abb. 31a).

Nehmen Sie die Erdensphäre unter Ihren Füßen wahr. Verweilen Sie so wahrnehmend etwa zehn Atemzüge. Mit dem nächsten Einatmen heben Sie langsam seitlich die Arme bis sich die Handflächen über dem Kopf treffen (Abb. 31b).

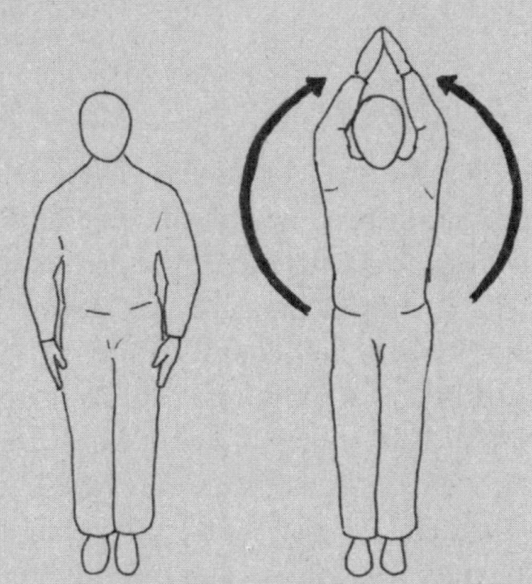

Abb. 31a+b: Die WYDA-Übung »Verbindung von Himmel und Erde« unterstützt unsere Erdung bei gleichzeitiger geistiger Anbindung.

Nun nehmen Sie das Himmelsgewölbe wahr und verbinden Sie sich innerlich damit. Verweilen Sie wiederum so wahrnehmend etwa zehn Atemzüge lang.

Beginnen Sie nun Himmel und Erde in sich zu verbinden: Bei jedem Einatmen strecken Sie sich ein wenig Richtung Himmel – zeitgleich bleibt die Erde unter Ihren Füßen in Ihrer Aufmerksamkeit.

Bei jedem Ausatmen lassen Sie den Atem in der Vorstellung durch die Fußsohlen in die Erde strömen – zeitgleich bleibt der Himmel über Ihren Fingerspitzen in Ihrer Aufmerksamkeit.

Atmen Sie so etwa zehn Atemzüge oder solange es Ihnen guttut.

Lassen Sie anschließend die Arme langsam seitlich wieder sinken und spüren Sie einen Augenblick der Wirkung der Übung im Körper nach.

Reinigung

> Blicke oft zu den Sternen empor – als wandeltest du mit ihnen. Solche Gedanken reinigen die Seele.
>
> *Mark Aurel*

Reinigung ist mehr als das Abwaschen äußeren Schmutzes. Zahlreiche Reinigungsriten wie die »kleine Reinigung« im Islam, »wudu« genannt, der schintoistische Reinigungsritus des »Misogi«, aber auch die christliche Totenwaschung zeugen davon. Auch der im vergangenen Kapitel beschriebene heilende Laut des »Dreifachen Erwärmers« kann zu den spirituellen Reinigungstechniken gerechnet werden. Dazu verhelfen innere Vorstellungsbilder wie das »Durchlichten« des Körpers oder auch das »feinstoffliche Wasser«. Physisches Wasser an sich hat bereits diese Fähigkeit: Es löst Stoffe und nimmt sie mit sich. Wasser ist wie ein flüssiger Kristall, es kann Informationen aufnehmen und transportieren. In der Homöopathie wird diese »Flüssigkristallinität« des Wassers bei der Potenzierung genutzt.

Ausgiebiges Duschen ist daher eine hilfreiche Methode nach anstrengenden Wahrnehmungsprozessen an möglicherweise belasteten Orten oder mit kranken Menschen. Dabei kann die Übung des heilenden Lautes beim Duschen optimal integriert werden. Sitzbäder in Salzwasser helfen ebenfalls, sich »negative Kräfte« aus dem Körper ziehen zu lassen. Zudem wirken sie anregend und regenerierend.

Rauch ist die andere, ebenfalls in religiösen Riten häufig genutzte Reinigungsmethode. Das Räuchern von Räumen, Orten oder Personen gehört zu den klassischen schamanischen Techniken wie auch zu christlichen Zeremonien. Diese Methode wird in einem Folgebuch über die feinstoffliche Kraft des Äthers ausführlich beschrieben werden. Hier soll der Hinweis genügen, daß das Abräuchern des Körpers z. B. mit Salbeirauch sehr stark reinigende Wirkung auf die feinstofflichen Ebenen des Körpers hat.

Bewußtheit/Gewahrsein

Es gibt nur eine Zeit, in der es wesentlich ist, aufzuwachen. Diese Zeit ist JETZT.
Buddha

Wahrnehmung, Wirklichkeit, Realität, Resonanz und Bewußtsein waren die Schlagwörter dieses Buches. Ich denke, Bewußtheit ist wohl der stärkste Schutzfaktor. Bewußtheit, Gewahrsein, ist eine »Alarmanlage«, an der nichts heimlich vorbeikommt. Sie bemerken einfach, wenn sich etwas in Ihnen »festsetzt«. Sie bemerken, wenn Ihnen ein Ort, eine Situation oder Person nicht guttut und können sich entziehen. Das Problem ist lediglich, daß wir in der Regel eben nicht vollständig gewahr sind! Eine kleine Übung mag Ihnen helfen, wenigstens für wichtige Wahrnehmungsprozesse diesen Schutz aufzubauen. Sie beginnt – wie sollte es anders sein – mit der Bewußtwerdung der eigenen Mitte.

Übung 33: Schutzmantel

Gehen Sie in Ihre Mitte. Werden Sie sich so gut es geht Ihrer selbst bewußt. Benutzen Sie dazu Ihre Anker (Farbe, Klang, Berührung). Wenn Sie Ihre Mitte deutlich spüren können, atmen Sie tief in Ihre Mitte ein. Während Sie ausatmen, stellen Sie sich vor, wie sich Ihre Mitte, Ihre Präsenz ausdehnt; zunächst im ganzen Körper, dann darüber hinaus, bis Sie schließlich in einem »Ei« stehen. Dies ist Ihr Aufmerksamkeitsfeld. Alles, was eindringen will, werden Sie wahrnehmen.

Variante:

Sie können sich dieses »Aufmerksamkeitsfeld« auch als einen sich ausdehnenden Lichtkörper vorstellen und die Grenzen als eine spiegelnde Haut, die Negatives zurückreflektiert. So entsteht Ihr »Schutzmantel«.

Ausblick: Spezielle geomantische Wahrnehmungsbereiche

Sie haben nun die Grundlagen der (medialen) Wahrnehmung erlernt. Diese sind für die verschiedensten Bereiche einsetzbar: Problemanalyse, Gesundheit, Zukunftsschau; nicht zuletzt natürlich für die Wahrnehmung eines Ortes und der hier wirkenden Kräfte. Für diesen Bereich der Geomantie freilich gibt es eine Fülle sehr spezifischer Wahrnehmungsmethoden, mit deren Hilfe man gezielt verschiedene Wirklichkeitsebenen eines Ortes entschlüsseln kann: Jenseitsräume, Kraftebenen, geologische Strahlungsstrukturen u.v.m. Als Beispiele sollen hier zwei typische geomantische Wahrnehmungsbereiche genannt sein, denen jeweils ein eigenes Buch gewidmet werden wird.

Radiästhesie

> Mit der richtigen mentalen Einstellung reicht zur Mutung einer Wasserader eine Bockwurst!
>
> *Prof. Eike Hensch*

Die Radiästhesie (wörtlich: Strahlenfühligkeit) ist die Kunst – oft mit Hilfe zusätzlicher Instrumente wie Pendel, Wünschelrute oder Tensor –, unsichtbare Strahlungsstrukturen zu erkennen und örtlich zu definieren. Das radiästhetische Instrument, z. B. eine Gabelrute, wird dabei z. B. durch Biegen in ein labiles Gleichgewicht gebracht. Der Radiästhet fokussiert sich durch mentale Programmierung und/oder durch das Abgreifen bestimmter Abstände auf der Rute (sogenannte »Grifflängentechnik«) auf ein bestimmtes zu suchendes Phänomen wie z. B. eine Wasserader. Durch winzige Veränderungen der Muskelspannung kippt die Rute, und es kommt zu einem Rutenausschlag. Diese Veränderung der Muskelspannung geht im Gehirn mit einer kurzen Auslösung des »Totstellreflexes« einher.

Eine kleine Einstiegsübung mag diesen Prozeß verdeutlichen.

Übung 34: Radiästhesie

1a) Haltung: Stellen Sie sich bequem, aber aufrecht hin. Heben Sie die Arme, sodaß die Unterarme parallel zum Boden liegen, die Oberarme aber senkrecht nach unten weisen. Halten Sie die Arme etwa schulterbreit auseinander. Die Handinnenflächen weisen nach oben (Abb. 32a).

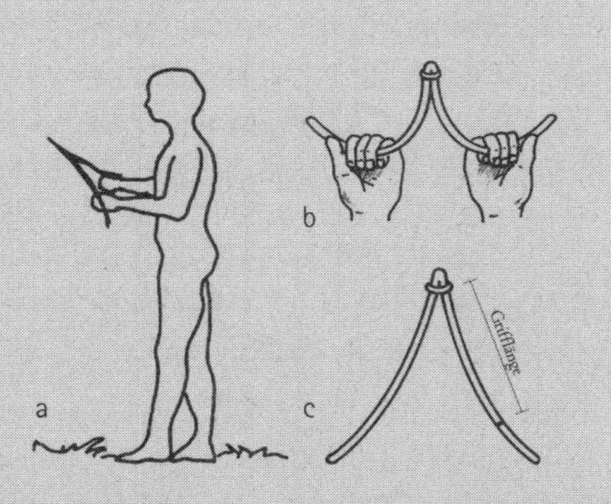

Abb. 32a: Die Körperhaltung beim Rutengehen; 32b: Handhaltung; 32c: Die Grifflänge

Haltetechnik: Halten Sie nun eine Wünschelrute (Kunststoffrute oder Weidenrute) so, daß jeweils ein Ast auf einer Hand liegt. Die Äste liegen zwischen Ringfinger und kleinem Finger so an, daß die Rute den kleinen Finger am zweiten Glied berührt. Schließen Sie die Hände (Abb. 32b). Biegen Sie nun die beiden Enden der Rute so lange nach vorne, bis die Rute ausschlägt. Entspannen Sie sich und wiederholen Sie das willkürliche Ausschlagenlassen der Rute.

1b) Halten Sie die Rute wie oben. Biegen Sie die Enden nun so weit nach vorne, daß die Rute gerade noch nicht ausschlägt (labiles Gleichgewicht). Ist die richtige Spannung erreicht, so kann durch ein sanftes Nach-Innen-Drehen beider Hände ein Ansteigen der Rute bewirkt werden. Ein kleiner Anstoß von außen reicht nun, um einen Rutenausschlag zu provozieren. Gehen Sie so – entspannt – über ebenen Boden. Markieren Sie Rutenausschläge am Boden mit Stäbchen oder Steinen und spannen Sie die Rute erneut. ➻

1c) Greifen Sie nun wie oben die Weidenrute an den Knospenbildungen. Wenn Sie eine Kunststoffrute verwenden, so tragen Sie von der Oberkante der Haltungsmanschette mit einem Maßband 27, 5 cm ab und markieren Sie diese Länge mit einem wasserfesten Folienstift (Abb. 32c). Greifen Sie die Rute so, daß die Markierung gerade noch zwischen kleinem Finger und Ringfinger zu sehen ist. Begehen Sie nun den Ort erneut mehrmals und markieren Sie die

Rutenausschläge. Die Länge 27, 5 cm bzw. die Internodien (= Abstände der Knospenbildung) des Weidenzweiges entsprechen der Frequenz des Wassers. Haben Sie sauber gearbeitet und oft genug geübt, so haben Sie nun auf dem Boden vor sich die Markierung einer Wasserader liegen.

Achtung: Begehen Sie den Ort immer in parallelen geraden Begehungslinien, markieren Sie einen Rutenausschlag am Boden und spannen Sie die Rute erneut, ehe Sie weitergehen. Begehen Sie einen Ort niemals im Zickzack oder willkürlich, und vor allem: Interpretieren Sie die Markierungen erst nach Abschluß Ihrer Arbeit (Verlauf der Wasserader). Eine frühzeitige Interpretation könnte Ihre Ergebnisse beeinflussen und verfälschen. Welche Muster liegen nun vor Ihnen?

Das Ätherische

Wenn ein Geomant Qi erkennen kann,
versteht er Feng Shui.
Aus China

Der Äther ist jene feinstoffliche Kraft, die als Vermittler zwischen dem Geistigen und dem Materiellen fungiert. Als »Qi« (Ch´i) ist sie im chinesischen Qi Gong oder Feng Shui bekannt, als »Prana« im indischen Yoga, *Freiherr von Reichenbach* nannte sie »Od«. Als Bindeglied zwischen Stoff und Geist kommt der Erkenntnis des Ätherischen eine wichtige Stellung in der Geomantie zu. Erst durch seine Wahrnehmung können spezielle geomantische Phänomene wie Erdchakren, Leylines und Einstrahlpunkte erkannt werden. Ein chinesisches Sprichwort sagt z. B.:

»Wenn ein Geomant Qi erkennen kann, versteht er Feng Shui.« Man kann das Qi, den Äther fühlen, radiästhetisch ermitteln oder auch sehen. Folgende Abschlußübung soll Ihnen helfen, einen ersten Eindruck vom Ätherischen zu erhalten.

Übung 35: Handatmung

Stehen Sie aufrecht; die Füße etwa schulterbreit auseinander. Halten Sie die Handflächen einander zugewandt, die Hände etwa 30 bis 40 Zentimeter auseinander.

Stellen Sie sich nun vor, Sie würden durch die Fußsohlen das »Qi der Erde« einatmen. Das Qi strömt, dem Einatemimpuls folgend die Beine hinauf bis zum Damm und weiter den Rücken hinauf bis zwischen die Schulterblätter. Hier beginnen Sie, auszuatmen. Der Ausatemstrom und mit ihm das Qi strömen die Arme entlang und verlassen den Körper durch die Handflächen.

Fahren Sie fort, durch die Füße ein und durch die Handflächen auszuatmen.

Wenn Sie in den Händen eine Reaktion spüren (z.B. Kribbeln, Wärme o. ä.), beginnen Sie damit, die Hände in Zeitlupe aufeinander zuzubewegen. Atmen Sie weiter durch die Fußsohlen ein und durch die Handflächen aus. Bewegen Sie die Handflächen aufeinander zu – gaaannzz langsam! Die Hände sollten sich jedoch nicht berühren.

Was nehmen Sie zwischen den Händen wahr?

Nun ziehen Sie die Hände wieder langsam auseinander bis der »Kontakt« abreißt. Wie lange dauert das?

Das, was Sie zwischen den Händen wahrnehmen konnten – vielleicht ein Widerstand, vielleicht ein Wärmegefühl, eine Art »Teig« o. ä. –, ist der Äther, das Qi. Durch vertiefende Übungen kann man lernen, die Qualitäten dieser feinstofflichen Kraft zu unterscheiden und z. B. Schichtungen oder Ballungen festzustellen.

Dies ist ein Übungsbuch. Die Übungen sind absichtlich hervorgehoben, damit Sie sie jederzeit wiederholen können, ohne das ganze Buch lesen zu müssen. Sollten Sie Erfolg mit den verdeckten Wahrnehmungszielen gehabt haben und Spaß daran haben, weitere verdeckte Zielobjekte mit Nummerncodes zu lösen, so können Sie weitere Codes im Anhang finden, deren Auflösungen Sie auf meiner Website www.stefan-broennle.de bekommen! Sollte die eine oder andere Übung nicht gleich geklappt haben, so möchte ich Ihnen zum Trost noch zwei Abschlußzitate schenken:

Kreativität besteht
zu 5 Prozent aus Inspiration
und zu 95 Prozent aus Transpiration.
Thomas Alva Edison

Üben übt!
Prof. Eike Hensch

Weitere Wahrnehmungsobjekte für Fernwahrnehmungen

Zusätzliche Wahrnehmungsübung. Auflösung in diesem Buch:

300102
110008

Hier sind weitere Zahlencodes, die Wahrnehmungsobjekte verbergen. Die Auflösungen dazu sowie weitere Wahrnehmungsobjekte finden Sie im Internet unter www.stefan-broennle.de oder Sie können sie gegen einen frankierten Rückumschlag erfragen bei:

Inana, Kloster Moosen 12, D-84405 Dorfen

300102
110009

*

020202
110010

*

020202
110012

*

020202
110013

Bibliographie

Wahrnehmung allgemein

Goldstein, E. Bruce: Wahrnehmungspsychologie. Eine Einführung. Spektrum Akademischer Verlag, Heidelberg 1997

Hayward, Jeremy: Die Erforschung der Innenwelt. Neue Wege zum wissenschaftlichen Verständnis von Wahrnehmung, Erkennen und Bewußtsein. Insel Taschenbuch, Frankfurt/M. 1998

Kükelhaus, Hugo; Lippe, Rudolf zur: Entfaltung der Sinne, Fischer alternativ, 1997

Maturana, Humberto: Was ist erkennen?, Piper Verlag, München 1994

Gehirn und Bewußtsein

Grof, Stanislav: Kosmos und Psyche. An den Grenzen menschlichen Bewußtseins, Fischer TB, Frankfurt/M. 2000

Hoffmann, Kay + Gerken-Haberzettl, Ursula: NLP + spirituelle Dimensionen. BodyMind-

Experimente und Time-Line-Arbeit, Junfermann Verlag, Paderborn 1998

Leyh, Arvid: Nur in Deinem Kopf. Das Update für Geist und Gehirn. Der Grüne Zweig 211, Werner Pieper; Die grüne Kraft, Löhrbach 1999

Moser, Franz + Narodoslawsky, Michael: Bewußtsein in Raum und Zeit. Grundlagen der

holistischen Weltsicht, Insel Taschenbuch, Frankfurt/M. 1996

Popper, Karl R. + Eccles, John C.: Das ich und sein Gehirn, Piper Verlag, München 1982

Ritschl, Karsten: Der Geist des NLP. NLP zum Kennenlernen, Junfermann Verlag, Paderborn 2001

Silva, José + Philip Miele: Silva Mind Control. Die universelle Methode zur Steigerung der Kreativität und Leistungsfähigkeit des menschlichen Geistes, Heyne Verlag, München 1990

Wirklichkeit und Realität

Arntz, W.; B. Chasse + M. Vicente: Bleep. An der Schnittstelle von Spiritualität und Wissenschaft, VAK Verlag, Kirchzarten 2006

Bischof, Marco: Biophotonen. Das Licht in unseren Zellen, 2001 Verlag, Frankfurt/Main 1995, Berlin 2000

Kirchhoff, Jochen: Die Anderswelt. Eine Annäherung an die Wirklichkeit, Drachen Verlag, Klein Jasedow 2002

Laszlo, Ervin: Kosmische Kreativität. Insel TB, Frankfurt/M. 1997
Starkmuth, Jörg: Die Entstehung der Realität. Wie das Bewußtsein die Welt erschafft, Eigenverlag Starkmuth, Bonn 2005
Watzlawick, Paul: Wie wirklich ist die Wirklichkeit? – Wahn, Täuschung, Verstehen, Piper Verlag, München 1978
Watzlawick, Paul: Vom Unsinn des Sinns oder vom Sinn des Unsinns, Piper, 1999

Mediale Wahrnehmung

Gruber, Elmar: Die PSI Protokolle. Das geheime CIA-Forschungsprogramm und die revolutionären Erkenntnisse der neuen Parapsychologie. Knaur Verlag, München 2001
Jelinski, Manfred: Tanz der Dimensionen. Remote Viewing in Deutschland, Kopp Verlag, Rottenburg 2000
ders: Remote Viewing – Das Lehrbuch. Technik des Hellsehens. Teil 1: Stufe 1-3, Ahaed and Amazing, Husum 2001
ders: Remote Viewing – Das Lehrbuch. Technik des Hellsehens. Teil 2: Stufe 4-5, Ahaed and Amazing, Husum 2003
ders: Remote Viewing – Das Lehrbuch. Technik des Hellsehens. Teil 3: Stufe 6, Ahaed and Amazing, Husum 2004
ders: Schritte in die Zukunft. Remote Viewing und die Gesetze der Veränderung, Ahaed and Amazing, Husum 2002
McMoneagle, Joseph: Mind Trek – Autobiographie eines PSI-Agenten, Omega Verlag, Düsseldorf 1998
Nidaye, Safi: Die Weisheit der inneren Stimme. Vertrauen Sie Ihrer Intuition, Ullstein TB, 2004
Peirce, Penney: Erwecke deine Intuition, Ludwig Verlag, München 1999
Roethlisberger, Linda: Der sinnliche Draht zur geistigen Welt. Ein Lehrbuch zur Entfaltung der medialen Anlagen und der eigenen Persönlichkeit. Bauer Verlag, Freiburg Brsg. 1995
Sanders, Pete A.: Die Geheimnisse übersinnlicher Wahrnehmung, Windpferd Verlag, Aitrang 1997
Schnabel, Jim: Remote Viewers: The Sectret History of America,s Psychic Spies, Dell Publishing, New York 1997
Sonnenschmidt, Rosina; Knauss, Harald: Die Sinne verfeinern, VAK Verlag, Kirchzarten 2002
Swann, Ingo: Der sechste Sinn. Entdecken Sie Ihre außersinnlichen Fähigkeiten. Bauer Verlag, Freiburg Brsg. 1994
Vaughan, Frances: Intuitiver Leben; Wie entwickle ich mein inneres Potential, Frankfurt 1991

Focusing

Gendlin, E. T.: Focusing. Selbsthilfe bei der Lösung persönlicher Probleme, Rowohlt Verlag, Reinbek 1998

Renn, Klaus: Die Körper sagt dir, wer du werden kannst. Focusing - Der Weg der Achtsamkeit, Herder Spektrum, Freiburg/Basel/Wien 2006

Weiser Cornell, Ann: Focusing - Der Stimme des Körpers folgen. Anleitung und Übungen zur Selbsterfahrung, Rowohlt Verlag, Reinbek 2005

Trance und Traumarbeit

Gendlin, E. T.: Dein Körper – Dein Traumdeuter, Otto Müller Verlag, Salzburg 1987

Goodman, Felicitas: Trance, GTB Sachbuch, 1992

Goodman, Felicitas: Wo die Geister den Wind reiten. Trancereisen und ekstatische Erlebnisse, Bauer Verlag, Freiburg/Brsg., 2000

Gore, Belinda: Ekstatische Körperhaltungen. Ein natürlicher Wegweiser zur erweiterten Wirklichkeit, Synthesis Verlag, Essen 1995

LaBerge, Stephen: Hellwach im Traum. Höchste Bewußtheit im tiefen Schlaf, Junfermann Verlag, Paderborn 1987

Wyda und Qi Gong

Chia, Mantak: Tao Yoga des Heilens, Ansata Verlag, Interlaken 1989

Chia, Mantak: Tao Yoga. Eisenhemd Chi Kung, Ansata Verlag, Interlaken 1989

Schwarz A.+ Schweppe R.: WYDA easy, Humboldt Verlag, München 1995

Schwarz, Schweppe, Pfau: WYADA – Die Kraft der Druiden, Bauer Verlag, Freiburg 1998

Abbildungsnachweis

Abb. 1: Autor; Abb. 2: Nachzeichnung des Autor, nach Arvid Leyh »Nur in deinem Kopf«; Abb. 3: Nachzeichnung des Autors. Ursprungsquelle unbekannt; Abb. 4: Nachgestaltung des Autors. Ursprungsquelle unbekannt; Abb. 5: Nachgestaltung des Autors, nach José Silva, leicht verändert; Abb. 6: Gestaltung des Autors; Abb. 7: Klaus Lunau, aus Geist und Gehirn (3/2002); Abb. 8: Zeichnung des Autors; Abb. 9 Quelle unbekannt; Abb. 10-13 Gestaltungen des Autors; Abb. 15: Ronald C.James, Aus:Ronald C. Carraher, Jacquelin B.Thurston, Optical Illusions and the Visual Arts, 1966; Abb. 16: Nachzeichnung des Autors. Ursprungsquelle unbekannt; Abb. 17 Autor; Abb. 18: unbekannt; Abb. 19 unbekannt; Abb. 20a Nachgestaltung des Autors; Abb. 20b unbekannt; Abb. 21a Nachgestaltung des Autors; Abb. 21b unbekannt; Abb. 22: Zeichnung nach einem Sarkophag im Louvre, Paris, Wallis Budge 1911; Abb.ungen 23: Manfred Jelinski; Abb. 24: René Warcollier; Abb. 25-32 Zeichnungen des Autors; Abb. 33 : Quelle unbekannt; Abb. 34 Quelle unbekannt; Abb. 35 Quelle unbekannt; Abb. 36 Quelle unbekannt

Weiterführende Adressen

Hinweise zu Focusingkursen, Focusingausbildungen und weiteren Angeboten rund um Focusing erhalten Sie bei:

Schweiz:
Martina Blanke
Maienstrasse 24
CH-4600 Olten
Tel: 0041 - (0)62 - 2967222
martina.blanke@focusingforum-bern.ch

oder

Theres Fleury
Eggweg 50
CH-3065 Bolligen
Tel: 0041 - (0)76 - 4419944

oder unter www.focusing.ch

Deutschland:

DAF – Deutsches Ausbildungsinstitut für Focusing und Focusing-Therapie
Ludwigstr. 8a
D-97070 Würzburg
Tel: 0931 - 416183
Fax: 0931 - 411371
info@focusing-daf.de
www.focusing-daf.de

Silva Mind Control können Sie umfassend erlernen bei:

Deutschland + Österreich + Schweiz:
Silva Mind Control
Ursula Haller
Neubaustr. 26
A-4400 Steyr
Tel: 0043 - (0)7252 - 45136
Fax: 0043 - (0)7252 - 451364
office@silva-meth.at
silva-meth.at

Die Technik des Technical Remote Viewing (TRV) können Sie lernen bei folgenden Adressen. Hier erhalten sie auch die Möglichkeit einer Beratung mit Hilfe dieser Technik für die verschiedensten Anwendungsbereiche.

Deutschland:

NEURONprocessing GbR
Im Gate: Garchinger Technologie- und Gründerzentrum
Am Campus der TUM: Technischen Universität München
Lichtenbergstrasse 8
D-85748 Garching
Tel: +49 - 89 - 20 333 85-8
Fax: +49 - 89 - 20 333 85-9
contact(at)neuron-processing.eu
www.isfr.org

Gunther Rattay
Ahornweg 7c
D-64347 Griesheim
Bildtelefon: 06155 - 82 31 80
Fax: 0172 - 50 66 00 461
Mobil: 0172 - 66 00 461
Gunther.Rattay@trv-training.de
www.trv-training.de

Manfred Jelinski
Tel: 04845 - 1291
info@remoteviewing.de
www.remoteviewing.de

Hier erhalten Sie auch Kontakt zu KURD (Kommunikationsverbund unabhängiger Remote Viewer Deutschlands)

In der Schweiz:
Anna Sandherr
Ifangstr.63
CH-8153 Rümlang
info@rv-schweiz.ch
www.rv-schweiz.ch

Neurolinguistisches Programmieren (NLP) können Sie z. B. erlernen bei:

NLP-Ausbildungsinstitut Kassel
Harald Brill
Breitscheidstr. 53
D-34119 Kassel
Tel: 0561 - 776417
nlp-ausbildung@t-online.de
www.nlp-ausbildung.de

DVNLP e.V.
Lindenstraße 19
D-10969 Berlin
Tel: 030 - 2593920
Fax: 030 - 2593921
info@dvnlp.de
www.dvnlp.de

Umfassende Wahrnehmungskurse und Kurse in Radiästhesie und Geomantie erhalten Sie bei

Inana

Deutschland/Schweiz:
Kloster Moosen 12
D-84405 Dorfen
Tel: +49 - (0)8081 - 9529909
Fax: +49 - (0)8081 - 8485
geomantie@inana.info
www.inana.info

Geomantische Beratungen und Gestaltungen erhalten Sie bei:

Büro für Geomantische Planung
Stefan Brönnle
Kloster Moosen 12
D-84405 Dorfen
Tel: +49 - (0)8081 - 8761
Sbroennle@aol.com
www.stefan-broennle.de

Unsere Wohnung zu wandeln, verwandelt uns

Die Wohnung und das Haus sind eng mit unseren innersten Wünschen, unseren Bedürfnissen, aber auch unseren Schatten verbunden. Sie sind ein Spiegel unserer Seele. Was für den Astrologen das Horoskop ist, das ist für den Geomanten der Wohnungsgrundriß. Geomanten sind Menschen, die die Wirkung des Ortes auf den Menschen ebenso zu deuten wissen, wie sie aus der Raumgestaltung auf den Menschen schließen können.

Stefan Brönnle
Das Haus als Spiegel der Seele
Wie wir durch Änderungen in unserem Wohnumfeld
unsere Seele heilen
Pb., 144 Seiten, zahlreiche Abbildungen
ISBN 978-3-89060-254-7

Die Erde erspüren

Feng-Shui ist in aller Munde, aber die wenigsten wissen, daß Feng-Shui nur ein Aspekt der traditionellen Wissenschaft der Geomantie ist.

Um Geomantie zu verstehen, muß man sich auf das Unsichtbare einlassen, eine ganzheitliche Wahrnehmung entwickeln. Die Autorin öffnet in diesem Buch den Blick auf überzeugende Weise. Zuerst erklärt sie die Grundlagen der Geomantie, die auf einem traditionellen Wissenschaftsbild beruhen. Ohne ein Verständnis dieser Grundlagen – alles ist Schwingung, die Erde ist ein Lebewesen, es gibt unsichtbare feinstoffliche Dimensionen – ist Geomantie nicht möglich, bedeutet doch schon das Wort: »die Erde erspüren«.

Dann setzt sich Petra Gehringer mit dem rationalen Weltbild auseinander und mit der Frage, warum die moderne Wissenschaft außerstande ist, die heutigen ökologischen Probleme zu lösen. Der Hauptteil des Buches besteht aus praktischen Anregungen zur Heilung der Erde durch Geomantie. Systematisch nimmt sich die Autorin die verschiedenen Ökosysteme vor, beschreibt die tieferen Ursachen der Krankheit von Wald, Boden, Gewässern und Stadtlandschaften und zeigt Wege der Heilung auf.

Petra Gehringer
Geomantie
Wege zur Ganzheit von Mensch und Erde
Überarbeitete Neuauflage, 416 Seiten,
viele teils farbige Abb., kartoniert
ISBN 978-3-89060-469-5

Ein Quantensprung in unserer Beziehung zur Natur

Nachdem die Vorstellung, daß in der Natur unsichtbare Intelligenzen am Wirken sind, nicht mehr ganz so absonderlich erscheint, wie noch vor Jahren, ist jetzt die Zeit gekommen für dieses Buch, in dem uns einer vom elbischen Volk der Leprecháns erzählt, wie wichtig die Zusammenarbeit der Menschen mit den Naturgeistern ist. Leicht lesbar und auf unterhaltsame Weise bringt uns die Autorin Tanis Helliwell die Welt der Elfen, Devas und Elementale näher – und selbst Skeptiker werden ihr Vergnügen haben und ins Nachdenken kommen.

Tanis Helliwell
Elfensommer
Meine Begegnung mit den Naturgeistern – Ein Tatsachenbericht
Paperback, 224 Seiten
ISBN 978-3-89060-318-6

Eine »Pilgerfahrt« voller Überraschungen

Das langerwartete zweite Buch von Tanis Helliwell, in dem sich die Naturgeister zeigen – wenn auch in einer für uns Menschen nicht immer sehr angenehmen Weise. Auf dieser Tour durch Irland stoßen die Leprechauns Tanis und ihre Gruppe mit ihrem Witz auf deren »blinde Flecken« und bringen sie immer wieder in das »Jetzt« – auch wenn nicht alle Reisenden das als besonders witzig empfinden. Doch letzten Endes ist es eine sehr lehrreiche Pilgerfahrt, auf der sich die große Weisheit der unsichtbaren Reisebegleiter offenbart. Wir Leser, vom Schalk der Naturgeister nicht betroffen, können uns bei der Lektüre bestens amüsieren – und dabei noch etwas dazulernen.

Tanis Helliwell
Elfenreise – Eine mystische Irlandfahrt mit den Naturgeistern
Paperback, 208 Seiten
ISBN 978-3-89060-323-0

Botschaften aus dem Reich der Naturwesen

Wer sich schon einmal hat öffnen können für die subtilen Botschaften aus dem Reich der Naturwesen, der weiß, daß sie genau so sprechen, wie in diesem Buch von Weneja Turan.

Begleitet von Naturfotos, die in der Spiegelung Verborgenes sichtbar machen, finden die Leser hier klare, liebevolle Botschaften und Offenbarungen der Naturdevas.

Weneja Turan
Die Rückkehr der Naturdevas
Gebunden, 22,8 x 20,4 cm, 48 Seiten mit etwa 30 Fotos
ISBN 978-3-89060-273-8

Die klassische Einführung vom Begründer der Geomantie
Geomantie ist das Wissen um die subtilen Kräfte der Erde und ihre Berücksichtigung und Anwendung beim Bauen. Das Handbuch der angewandten Geomantie ist das erste seiner Art. Der Neubegründer der Geomantie, Nigel Pennick, hat in einer Reihe von gestrafften Kapiteln das Wissen gebündelt, das uns als Grundlage für den Einstieg in die geomantische Praxis heute dienen kann.

Nigel Pennick
Handbuch der angewandten Geomantie
Wie wir heute Landschaft und Siedlung wieder in Einklang bringen
112 Seiten, Paperback
ISBN 978-3-89060-004-8

Zwischen Panikmache und Verharmlosung
Groß ist vielfach die Verunsicherung: Da wird vor Handystrahlen gewarnt, dann wieder sind sie völlig harmlos. Strahlungen von Fernseher oder Computer werden als unschädlich bezeichnet, aber woher kommen dann meine Kopfschmerzen? – Dieses Buch bietet die wissenschaftlichen Grundlagen in einfacher, klarer Sprache. Es klärt über die Gefahren auf und gibt für alle Strahlenquellen praktische Tips, wie wir mögliche gesundheitliche Beeinträchtigungen ausschalten.

Barbara Newerla, Dipl. Ing. Peter Newerla
Strahlung und Elektrosmog
Ein praktischer Leitfaden für sichere, strahlenfreie Lebensräume
Klappenbr., 256 Seiten, mit vielen Fotos,
Grafiken und Tabellen, 14,6 x 21,4 cm
ISBN 978-3-89060-267-7

Einsichten in die Elfenwelt
Als isländische Elfenbeauftragte – eine in der Welt einmalige Institution – ist Erla weltweit bekanntgeworden. Seit Kindheit hellsichtig, kann sie aber nicht nur von Elfen und Ortskräften berichten. In diesem Buch erzählt sie aus ihrem Leben, von ihren Begegnungen in der Astralwelt, ihren Erfahrungen mit Heilgebeten und regt die Leser mit praktischen Übungen immer wieder an, die eigene Wahrnehmung zu erweitern, denn die Realität ist so viel umfassender und vielfältiger.

Erla Stefánsdóttir
Lífssýn mín
Lebenseinsichten der isländischen Elfenbeauftragten
Gebunden, Lesebändchen, 17 x 24 cm,
208 Seiten, durchgehend mit farbigen Bildern
ISBN 978-3-89060-264-6

Ein Buch über Bäume, wie es noch keines gab
Im vorchristlichen Europa wie in allen anderen Teilen der Welt wurde die ganze Erde als ein atmendes Wesen gesehen, erfüllt von sichtbaren und unsichtbaren Lebensformen. Bäume waren in dieser heiligen Landschaft hochangesehene Pforten der Einweihung. Die Kraft und Energie heiliger Haine und einzelstehender alter Bäume half den Kelten, Germanen, Römern und Griechen, aber auch schon den Menschen der Bronzezeit und der Jüngeren Steinzeit, die Grenzen ihres Bewußtseins zu erweitern und Kontakt mit dem Unsichtbaren aufzunehmen.

Fred Hageneder
Geist der Bäume
Eine ganzheitliche Sicht ihres unerkannten Wesens
4. Auflage. Gebunden mit Schutzumschlag, 416 Seiten,
17 x 24 cm, reich illustriert, viele Farbabbildungen
ISBN 978-3-89060-472-5

Botschaft aus der Ewigkeit
Mythologische und ethnobotanische Funde aus solch unterschiedlichen Kulturkreisen wie Irland, Deutschland, Griechenland, der Türkei und Japan zeigen deutlich eine weltumspannende Ur-Religion im Altertum auf, in der die Eibe eine zentrale Rolle spielte. Und nach über zwei Jahrtausenden des kulturellen Schattendaseins ersteht die Eibe nun wieder neu: Lange verlorengeglaubte Scherben uralter Weisheit fügen sich zu einem Pfad der Heilung, um der Erde in ihrer Krise beizustehen. Ganz nebenbei erfahren wir Wunderbares über die Ökologie des Waldes, leicht verständlich geschrieben und durchgehend mit ergreifenden Farbfotos dokumentiert.

Fred Hageneder
Die Eibe in neuem Licht
Urbaum, Weltenbaum, Hüterin der Erde
Eine Monographie der Gattung *Taxus*
Gebunden, 320 S., mit 450 meist farbigen Abbildungen, Großformat
ISBN 978-3-89060-077-2

Wald – viel mehr als eine Ansammlung von Bäumen
Wer still werden kann, auch innerlich, wenn er sich im Wald bewegt; wer vielleicht auch mal auf allen Vieren durch den Unterwuchs kriecht; oder wer sich gar ein paar Tage (und Nächte!) ganz allein im Wald aufhält, der kann sie sehen, die »andere« Seite des Waldes, wo die Baumwesen und Pflanzengeister, die Feen und Zwerge wohnen. Dieses Buch mit inspirierenden Fotos und kurzen Textbeiträgen möchte Lust darauf machen, sich selbst in den Wald zu begeben und dessen andere Seite zu erleben.

Tim von Lindenau
Die andere Seite des Waldes
Gebunden, 17 x 24 cm, 112 Seiten, mit über 140 Farbfotos
ISBN 978-3-89060-270-7

Bücher von NEUE ERDE im Buchhandel

Im deutschen Buchhandel gibt es mancherorts Lieferschwierigkeiten bei den Büchern von NEUE ERDE. Dann wird Ihnen gesagt, dieses oder jenes Buch sei vergriffen. Oft ist das gar nicht der Fall, sondern in der Buchhandlung wird nur im Katalog des Großhändlers nachgeschaut. Der führt aber allenfalls 50% aller lieferbaren Bücher. Deshalb: Lassen Sie immer im VLB (Verzeichnis lieferbarer Bücher) nachsehen, im Internet unter **www.buchhandel.de**

Alle lieferbaren Titel des Verlags sind für den Buchhandel verfügbar.

Sie finden unsere Bücher in Ihrer Buchhandlung oder im Internet unter **www.neueerde.de**

Bücher suchen unter: **www.buchhandel.de.** (Hier finden Sie alle lieferbaren Bücher und eine Bestellmöglichkeit über eine Buchhandlung Ihrer Wahl.)

Bitte fordern Sie unser Gesamtverzeichnis an unter

NEUE ERDE GmbH

Cecilienstr. 29 · D-66111 Saarbrücken

Fax: 0681 390 41 02 · info@neueerde.de

AUFLÖSUNGEN DER FERNWAHRNEHMUNGS-ÜBUNGEN

WICHTIG!
ERST ÖFFNEN, WENN SIE DIE JEWEILIGE WAHRNEHMUNGSÜBUNG GEMACHT HABEN!

TOP SECRET

Auflösung der Fernwahrnehmungsübung 1

ZAHLENCODE

020202
110002

Bitte erst nach dem Üben lesen.

Auflösung der Fernwahrnehmungsübung 1

ZAHLENCODE

020202
110002

DER MOND

Wahrnehmungsobjekt ist der Mond.

Um Ihre Wahrnehmungen besser zu verstehen, mag es Ihnen eine Hilfe sein, wenn ich an dieser Stelle einige Wahrnehmungen anderer Personen zu diesem Zielobjekt wiedergebe:

Roland: »Der erste Gedanke war bei mir: Sonnenlicht. Gleich darauf erschienen innere Bilder von Blumen mit roten und blauen Blüten (undeutlich)«. Er erkennt richtig eine primäre Wahrnehmung (Sonnenlicht) und die assoziativen Ableitungen (Blumen). Nichtsdestotrotz kann auch das »Sonnenlicht« bereits eine Ableitung sein!

Agnes nimmt bildhaft eine »runde Kugel an einer Schnur« wahr, die sie als Pendel interpretiert, das sich von rechts nach links im Kreis bewegt. Auch Renate sieht als erste Wahrnehmungsform bildhaft [dies deutet auf einen visuellen Wahrnehmungstyp hin!] »eine große gelbe eher aufgehende Sonne mit etwas Weißem davor – Ein Engel oder Schnee – Eisberge«. Auch hier erkennt man das Bemühen unseres Bewußtseins, möglichst schnell etwas Undefinierbares »Weißes« in ein klares Bild (Engel, Eis) zu bringen.

Christof dagegen nimmt visuell das Bild einer »Kartoffel, rot, im Uhrzeigersinn drehend« wahr. Wiederum also etwas (im weitesten Sinne) Rundes, sich Bewegendes. Diesmal aber rot!

Für Ursula tauchen schnell »Wellen auf«. Sie interpretiert sie als Wasser, aus dem dann »steil etwas Grau-schwarzes« aufsteigt. Gisela K. beschreibt dagegen eine »wunderschöne Landschaft, himalaja-ähnlich. Am Horizont ein Landschaftswesen mit nach oben geöffneten Armen und Schwingen... Es leuchtete weiß-bläulich am Himmel.«

Esther hat als ersten Gedanken eine Brücke; und sieht etwas, das mit Wachstum und Sprudeln zu tun hat. Jan sieht einen Kerzenleuchter, Ana einen Kieselstein und Elke sieht einen Hasen. Peter hat als erste Wahrnehmung den Begriff »Monument, höchste Macht, Allmacht« dicht gefolgt vom Bild eines weißen zerklüfteten Berges mit einem mächtigen Wolkenturm darüber. Später sieht er noch eine »Übergangsspalte zu etwas Anderem (Anderswelt?)«.

Ich hatte bereits darauf hingewiesen, daß insbesondere unsere visuellen inneren Eindrücke zu mehr als 90 % symbolischer Natur sind.

Interessant sind auch die anderen Wahrnehmungszugänge, z. B. der kinästhetische Zugang:

Roland: »Gefühle von Tiefe, Weite, Schönheit und harmonischer Schwingung.«

Renate: »Mein Solar Plexus öffnet sich. Das ganze Erlebte erzeugt Licht und Friede.«

Ursula: »Schwanken.«

Giesela: »Rundes, Weiches, Geformtes.«

Peter: »Die Gefühle sind unbestimmt neutral, heiter, Freundschaftsempfindung.«

Martina: »Warmes, ruhiges Gefühl.«

Jan: Fühlt sich »wie in einer Kirche« an.

aber auch:

Christof: »Rot, flauer Magen.« [Das »Rot« als kinästhetische Wahrnehmung deutet auf eine synästhetische Fähigkeit hin!]

Alexa: »Leichte Traurigkeit.«

Peter: »Hitze im Bauchraum, welche sich zum Brustraum hochwölbt.«

➳

Auflösung der Fernwahrnehmungsübung 1

– FORTSETZUNG –

Bitte erst nach dem Üben lesen.

Farbe der synodischen Mondfrequenz mit orange-rot. Zudem war das Zielobjekt nicht in Raum und Zeit definiert, d. h. man konnte es beim Auf- oder Untergang ebenso wahrnehmen wie beim Höchststand!

Natürlich hat der Mond mit Wasser zu tun (er beeinflußt z. B. die Gezeiten) und mit Weiblichkeit. Auch Berge werden erfahrungsgemäß öfter genannt. Und dies ist eine wesentliche Erkenntnis: Man weiß nie aus welcher Perspektive man medial wahrnimmt! Sieht man den Mond von der Erde aus, oder steht man auf ihm? Hier erkennt man dann die schroffe, vegetationslose Landschaft (= Berge).

Deutlich zeigen die Ergebnisse die erwähnte Symbolhaftigkeit. Wahrnehmung ist ein aktiver Prozeß. Sie ist *immer* interpretiert! Offensichtlich wird dies z. B. im aufgetauchten Bild eines Hasen, der von der Erde aus gerne in der Oberfläche des Mondes gesehen wird: Die Fruchtbarkeit des Hasens korrespondiert symbolisch mit dem Fruchtbarkeitsaspekt der Mondsymbolik.

»Gehört« werden z. B.:

»Stille«, »ganz leise Klänge von hellen Glocken«, »heller Glockenklang«, »ein Singen, Pfeifen, Rauschen, dem Wind ähnlich«, »ein langer Ton Aaaaa...«, »ein hoher und ein tiefer Ton, ähnlich dem eines Esels der: ›Iaa‹ schreit«, »Tinnitus«, »Schnippen wie von einem Feuerzeug«, »sanfte Geräusche«, »Schalmeiton«, »donnernde Brandung«.

Häufig wurden auch Wahrnehmungen beschrieben, die mit Wasser zu tun hatten: Wellen, Meer, Nebel; Bilder, die v. a. bergige Landschaften beschrieben, oder auch weibliche Wesen (Frau mit langen Haaren, Engel, Landschaftswesen).

Obgleich *keine* dieser Wahrnehmungen das Zielobjekt genau benennt, hat doch sehr vieles von dem hier Gesagten – so unterschiedlich es auch sein mag – mit ihm zu tun!

Fassen wir die am häufigsten genannten Eigenschaften des Objekts zusammen, so wird bereits deutlich, um was es sich handelt:

Das Objekt ist im weitesten Sinne rund (Sonne, Kugel, Kartoffel, Kiesel).

Es hat den Aspekt von »oben sein«, »über etwas sein« (Brücke, Pendel, das herabhängt, Engel, der sich nach oben streckt, Dach, Wolkenturm usw.).

Es hat etwas mit »Bergen« zu tun (Himalaja, Berg, Eisberge, weißer Berg).

Es hat etwas mit »Wasser« zu tun (Nebel, Brücke, Wellen, Meer, Delphin, Brandungsrauschen).

Der Helligkeitsaspekt ist ein Kontrast von Hell und Dunkel (Sonnenlicht, dunkel, duster, Licht, Kerzenleuchter, Feuerzeug usw.).

Die vorherrschenden Farben sind Weiß, Blau, Grau, Orange, Rot.

Es hat einen rhythmischen, zyklischen Bewegungsaspekt (kreisende Kartoffel, schwingendes Pendel, schwankende Wellen usw.).

Es hat den Aspekt von etwas Sakralem, Wichtigem (Monument, Allmacht, Engel, Kirche, tosende Brandung, Licht + Friede usw.).

Das Zielobjekt war der Mond. Wie Sie sehen, wurden in der Summe wesentliche Aspekte des Mondes beschrieben. Oben, hell/dunkel, sich bewegend, rhythmisch, rund, sogar die (von der Erde aus erlebten) Farben stimmen: weiß, grau, blau. Interessant ist auch das gelegentlich auftauchende orange-rot. So benennt z. B. Hans Cousto die (oktavierte)

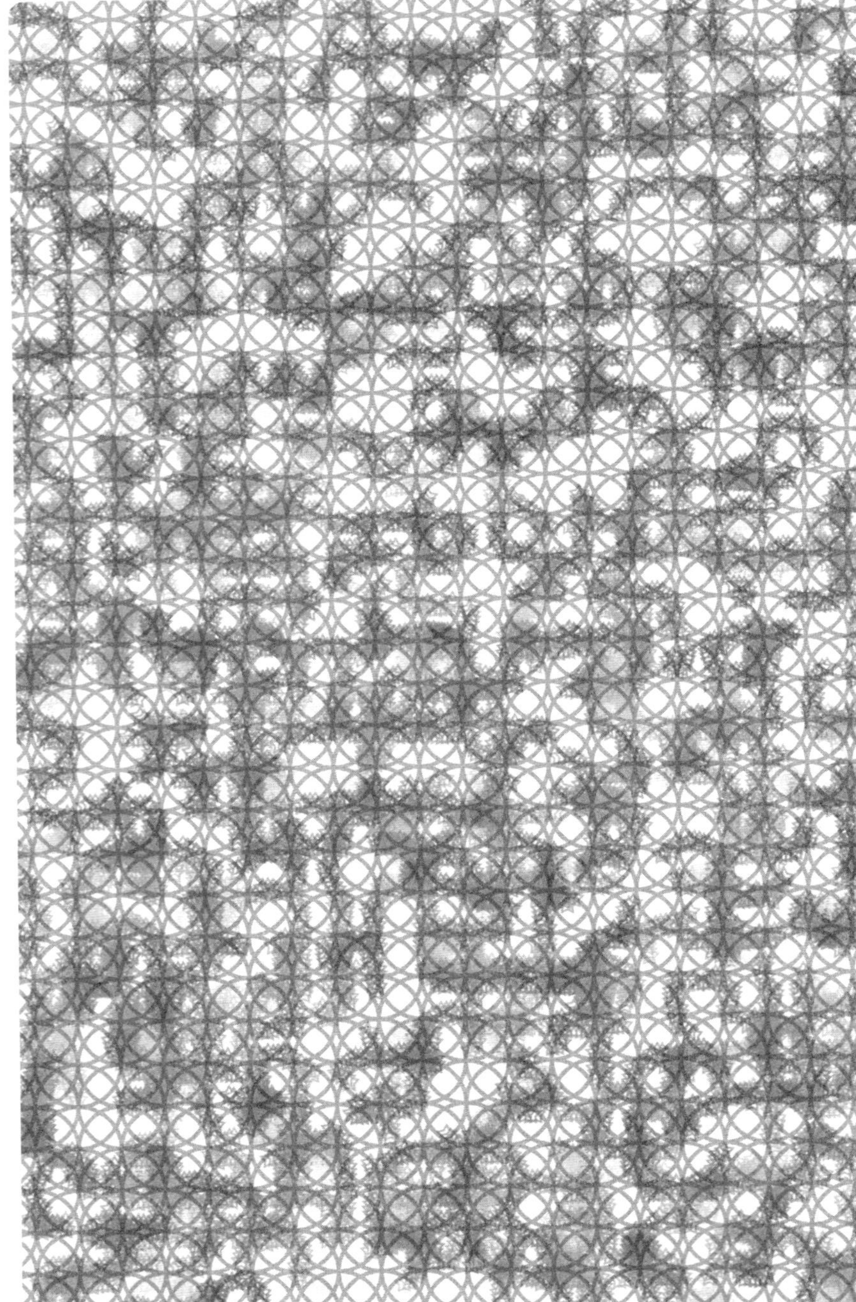

Auflösung der Fernwahrnehmungsübung 2

ZAHLENCODE

300102
110010

Bitte erst nach dem Üben lesen.

Auflösung der Fernwahrnehmungsübung 2

ZAHLENCODE

300102
110010

Die Pyramiden von Gizeh

Die häufigsten Rückmeldungen in meinen Wahrnehmungskursen bezogen sich auf drei Hauptmerkmale des Zielobjektes:

1 Natur/Kultur: Unserem Bewußtsein fällt es bei diesem Zielobjekt schwer, sich zu entscheiden. Einerseits häufen sich Eindrücke wie: »technisch«, »künstlich«, »Kunstwerk«, »Mechanik«, andererseits kommen auch Eindrücke vor, die auf das Gegenteil hinzudeuten scheinen: »Berg«, »Erde«, »Fels«, »Natur«. Dies verweist auf die Doppelnatur der Pyramiden als »künstliche Weltenberge«.

2 Diagonale/Dreieck: Der zweite wesentliche Aspekt des Zielobjektes, der vielen sehr schnell »ins Bewußtsein fällt«, ist das Vorherrschen der Diagonalen. Die Ergebnisse vieler Hundert Fernwahrnehmungen zeigen, daß das menschliche Bewußtsein bevorzugt bestimmte Aspekte wahrnimmt. Eines davon ist die Diagonale. Sie prägt sich uns sehr schnell ein, wie wir auch aus der Werbe-Psychologie wissen. Ergebnisse waren hier z. B.: Dreieck, Dreiteiligkeit, Schräge, »etwas kippt«, drei Einser hintereinander usw.

3 Energetik: Gerade in Geomantenkreisen sprechen viele Wahrnehmende auf den energetischen Aspekt der Pyramiden an. Dies äußert

sich oftmals in der Wahrnehmung einer Dynamik: »etwas dreht sich«, »etwas hebt ab«, »etwas kommt aus etwas hervor«.

So wird aus den drei oben genannten Aspekten des Zielobjektes »Pyramiden« Natur/Kultur, Diagonale/Dreieck und Energetik z. B.: »Etwas kommt von unten heraus, eruptiv (dreiteilig?) Und beginnt sich zu drehen (wie Blütenblätter, Schiffsschraube); insgesamt eine Mischung aus Natur und Mechanik.« (Herwig).

Verbunden sind die wahrgenommenen Bilder oft mit Assoziationen wie Kirche, Grab, Berg, etwas Spirituelles, etwas Mächtiges, »Stirb und Werde«.

Im Focusing werden bei diesem Wahrnehmungsobjekt oft einerseits der Leben-Tod-Charakter wahrgenommen (Trauer, Freude, Beklommenheit), aber ebenso häufig die klimatischen Verhältnisse des Ortes (Wärme, Hitze, Trockenheit), aber auch Kühle, keine Luft bekommen usw., die die Verhältnisse im Innern der Pyramiden widerspiegeln.

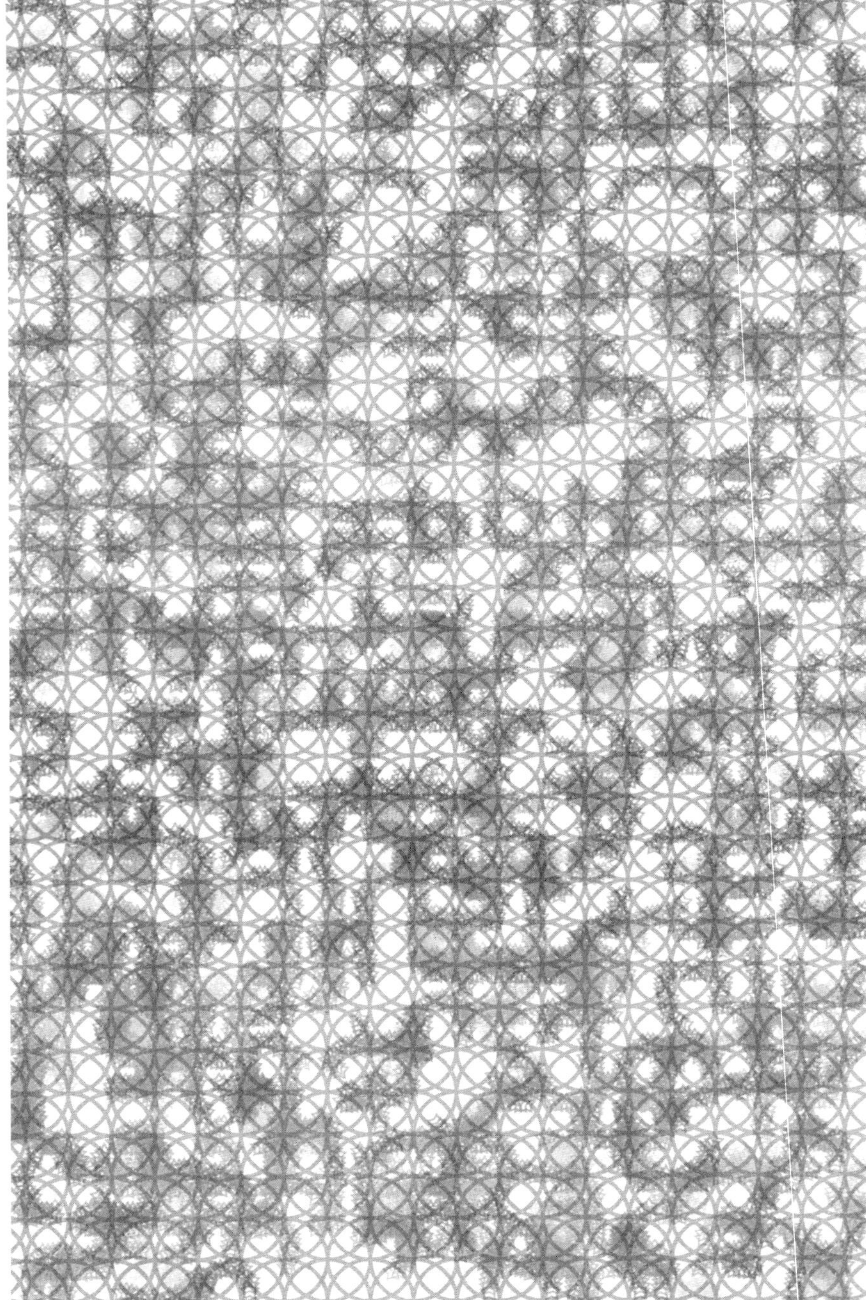

Auflösung der Fernwahrnehmungsübung 3

ZAHLENCODE

300102
110017

Bitte erst nach dem Üben lesen.

Auflösung der Fernwahrnehmungsübung 3

ZAHLENCODE

300102
110017

Manhattan

Häufig wahrgenommen werden folgende Aspekte:

- Landschaftsaspekt: Wasser (z.B. Assoziationen Schiff, Hafen, o. ä.), aber auch »Berge«, »Schluchten«, o.ä.
- Kulturaspekt (z. B. etwas Künstliches, Steine, etwas Gebautes)
- Sozialaspekt (viele Menschen, Bewegung, Hektik)
- Gefahrenaspekt: Seit dem Anschlag auf das World Trade Center springen viele Wahrnehmende auf das Attentat an, obgleich das Zielobjekt auf einen Zeitpunkt datiert ist, als das WTC noch stand.
- Detailaspekte: Wahrgenommen werden oft auch einzelne Architekturdetails wie Glas, Kanten, Spitzen, Schrägen usw.

Auf was sind Sie angesprungen? Die Menschen? Die Architektur? Die »Gefahr«?

Ich persönlich hatte damals bei meiner Wahrnehmung zu diesem Zielobjekt permanent die Assoziationen von Wasser, einem hohen künstlichen »Etwas« und viel Bewegung. Daraus ergab sich ein hartnäckiges Assoziationsbild (AOL = Anylytic OverLay) einer Wasserrutsche.

Wenn Sie den Gefahrenaspekt wahrgenommen haben, verdeutlicht das sehr gut, wie etwas, das »emotional aufgeladen« ist, sich in unser Bewußtsein drängt...

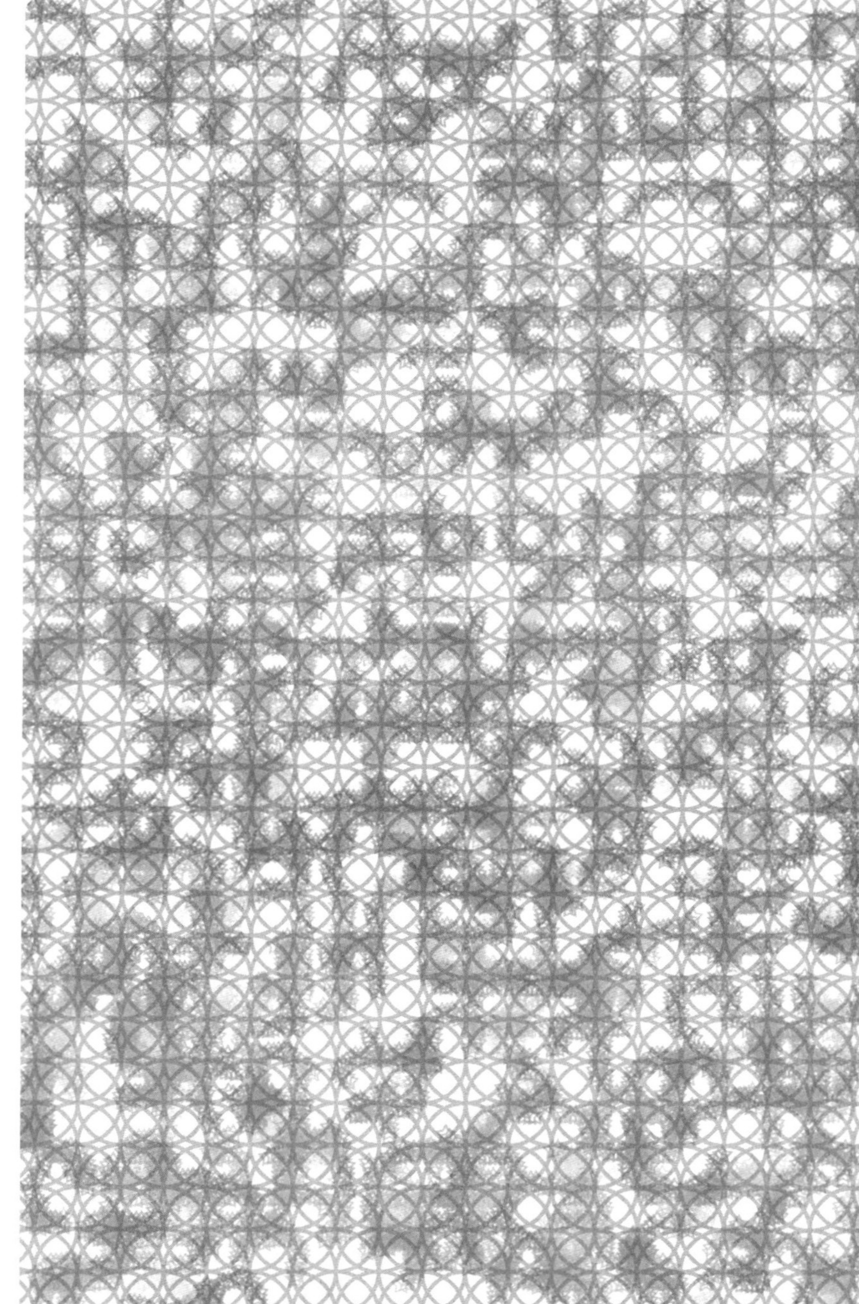

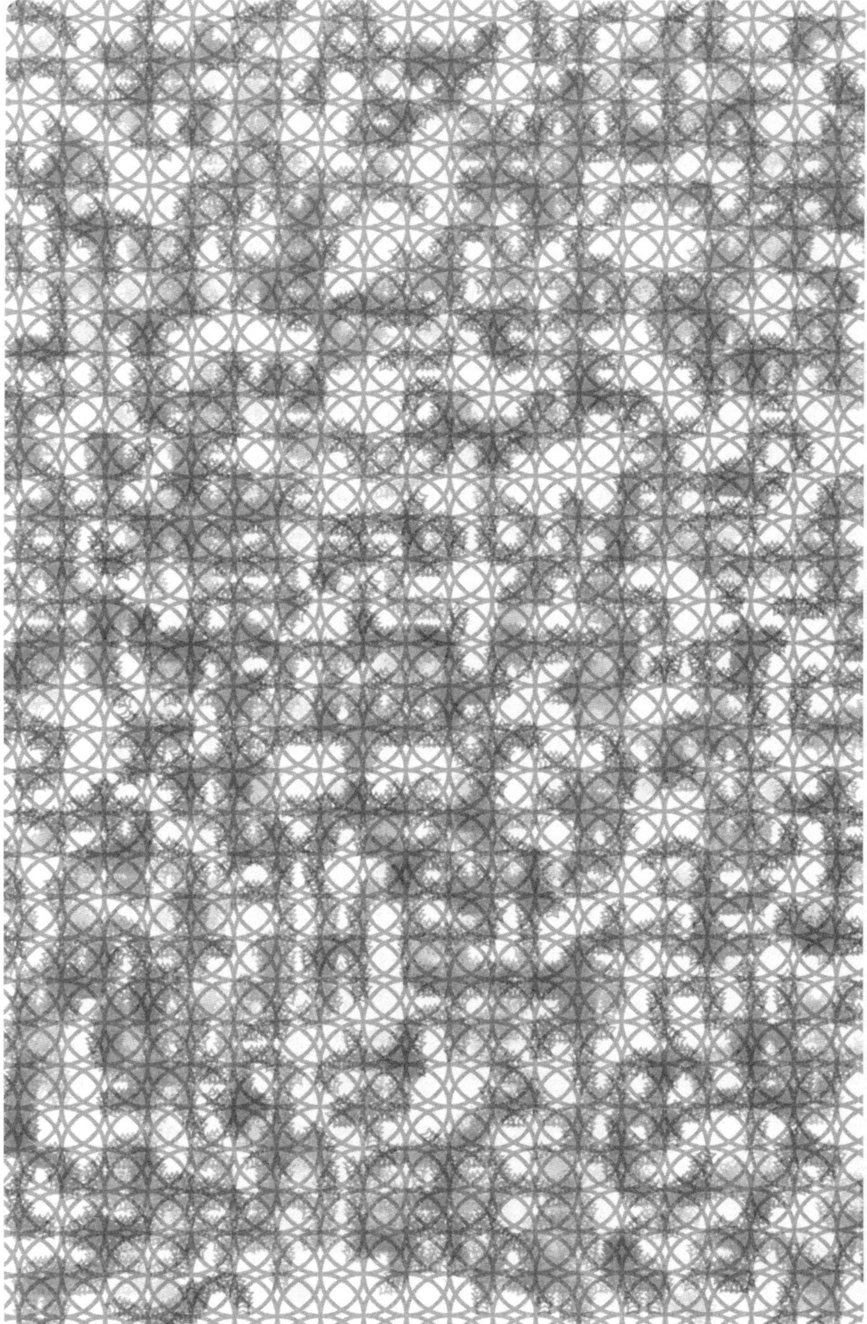

Auflösung der Fernwahrnehmungsübung 5

ZAHLENCODE

180202
110001

Galaxie NGC 4622 im Sternbild Centaurus

Wahrnehmungen zu diesem Zielobjekt waren z. B. Gefühle der Abneigung oder Beklemmung, die ambivalent zu einem Gefühl der Erhabenheit oder Heiligkeit stehen (»unglaublich«, »abstoßend«, »unfaßbar«, »heilig«). Je nachdem aus welcher Perspektive der Wahrnehmende wahrnimmt. Ist er frei schwebend im All, kann dies u. a. sogar zu einem Gefühl der Atemnot führen!

Bilder waren z. B. sich entfaltende Blüten oder gar eine ganze Blumenwiese. Hier wird der Sternenaspekt der Galaxie hervorgehoben, die sich spiralig wie eine Blüte entfaltet oder aus Tausenden einzelner Objekte besteht (Blumenwiese). Andere wiederum nehmen ein wolkenartiges oder sonnenartiges Gebilde wahr, das sich verändert.

Ein dritter Aspekt schließlich ist der Entstehungsaspekt der Galaxie. Hier werden oft Explosionen oder Feuer wahrgenommen.

In Trancen werden diese Aspekte entweder »am eigenen Leib«, also aus der Ich-Perspektive erlebt oder wie ein Film, der vor einem abläuft.

Auflösung der Fernwahrnehmungsübung 5

ZAHLENCODE

180202
110001

Bitte erst nach dem Üben lesen.

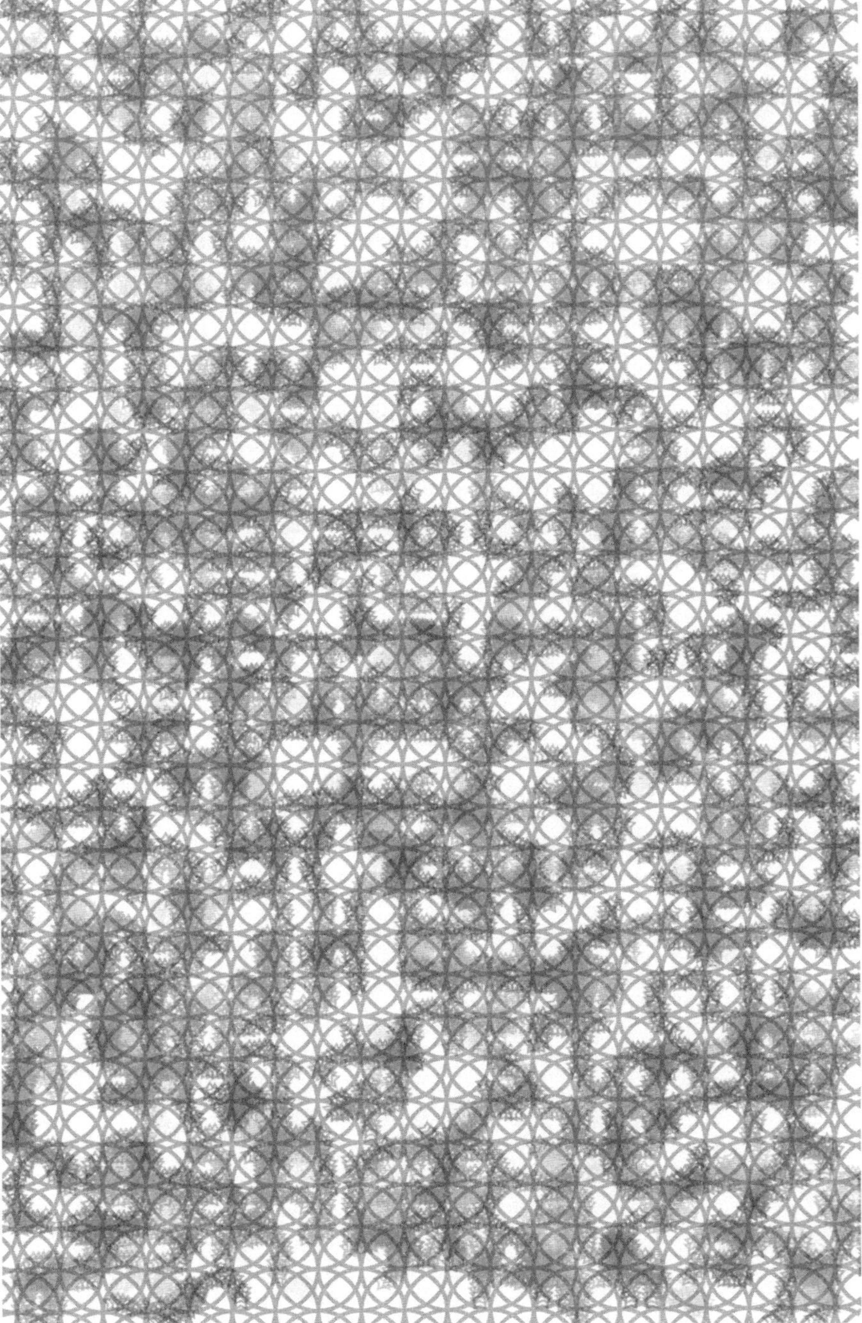

und Freude ausstrahlte. Der Naturvorgang des Waldbrandes wird hier in seiner Wesenhaftigkeit erfahren, nicht im Aspekt einer Katastrophe.

Franz träumte von einem U-Boot, daß mitten in einem Sturm war, aber ganz »souverän« seinen Kurs hielt. Später hatte er das Traumbild von diesem U-Boot als ein Bild über einem Kamin. Sehr strukturiert zeigt hier der Traum eine potentielle Gefahrensituation (Sturm), die aber für ein Objekt darin (U-Boot) eigentlich keine Gefahr darstelllt, sondern souverän gemeistert wird. Dieser Grundaspekt wird im Traum später konkretisiert: Das U-Boot erscheint als Bild über einem Kamin. Der Traum sagt damit: Diese potentielle Gefahrensituation hat mit Feuer zu tun.

Obgleich es ein sehr dynamisches und potentiell gefährliches Wahrnehmungsobjekt ist, wird der Waldbrand von vielen als natürlicher Vorgang geträumt, als eine Notwendigkeit im ökologischen System der Natur oder gar als etwas Wichtiges und Schönes. Natürlich treten auch Träume auf, die mit Wärme, Druck, Dynamik oder Aggression zu tun haben. Meist herrscht jedoch eine emotional distanzierte oder sogar angenehme Atmosphäre vor.

Auflösung der Fernwahrnehmungsübung 4

ZAHLENCODE

300102
110001

Waldbrand in Graubünden

Zunächst bitte ich um Verzeihung, sollten Sie wegen der Heftigkeit des Zielobjektes schlecht geschlafen haben! Die energetische Stärke ist ein gewisser Garant, daß unsere kleinen Experimente auch funktionieren!

Folgende Traumaspekte hatten TeilnehmerInnen eines Wahrnehmungskurses bei mir zu diesem Wahrnehmungsobjekt:

Roland hatte einen Traum, in dem Orientierungslosigkeit vorherrschte, auch Irmi fühlte eine starke Irritation. Sie träumte von einer Landschaft, die Leere und Tod ausstrahlte. Dann plötzlich ein heller Streifen, der in eine fontänenartige helle Energie überging.

Hier wird vor allem die psychische Wirkung wahrgenommen bei jemandem, der sich sozusagen innerhalb des brennenden Gebietes befindet.

Ganz anders träumte Birgit. Sie hatte vor allem Bilder von merkwürdigen geometrischen Formen. Immer wieder verwandelte sich etwas Natürliches in etwas Geometrisches. Sie nimmt hier die »Kalzinierung« wahr, die Umwandlung organischer Substand in Salze und Aschereste während des Brandes. Auch eine unkontrollierte Geschwindigkeit, die zu einem »Durchbruch« führte, wurde von ihr geträumt. Der Traum hat hier aber wenig emotionale Ausstrahlung.

Anne träumt den Prozeß sogar als etwas sehr Angenehmes: Eine Erstarrung, die durch einen Sterbevorgang »erlöst« wird. Pierre träumte gar von einem Wesen, das eine flammenartige Form hatte, hell strahlte

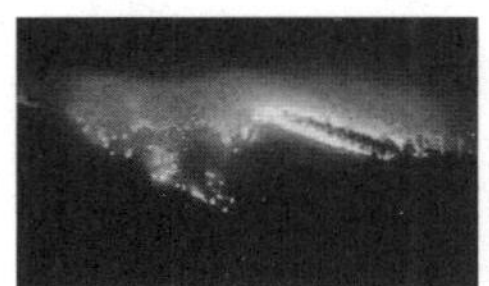

Auflösung der Fernwahrnehmungsübung 4

ZAHLENCODE

300102
110001

Bitte erst nach dem Üben lesen.

Auflösung der Fernwahrnehmungsübung 6

ZAHLENCODE

020202
110003

Der Start der Apollo 11

Wahrnehmungen zu diesem Zielobjekt waren in Seminaren z. B.:

Kinästhetische Wahrnehmungen: Übelkeit, Magendruck, Wärmegefühl, Bewegung, Druck, nach vorne gerissen werden.

Akustische Wahrnehmungen: Rauschen, Pfeifen, Sirren, Brandung, Tosen, Stimmen.

Visuelle Wahrnehmungen: Kirche, Baum, Pfeil, eine Acht, »unten geht etwas weg und löst sich wie Dampf auf«.

Also offensichtlich etwas Senkrechtes (Kirchturm, Baum, Pfeil), das mit der Unendlichkeit zu tun hat (Acht), das starke Geräusche verursacht (Rauschen, Tosen...) und stark körperlich wirkt (Druck, Übelkeit, Wärme...). Nun es war der Start der Apollo 11!

Auflösung der Fernwahrnehmungsübung 6

ZAHLENCODE

020202
110003

Bitte erst nach dem Üben lesen.

Auflösung der zusätzlichen Fernwahrnehmungsübung

ZAHLENCODE

300102
110008

Beim Focusing-Prozess ergeben sich meist Empfindungen der Lebendigkeit und Bewegung, auch der Eindruck, dass es mehr als ein Objekt ist, ist häufig.

Haben Sie auf dieses Zielobjekt geträumt, so könnte Ihr Traum einem von jenen von Seminarteilnehmern geähnelt haben:

- Ziehende Tierherden
- Ein Kelch [= der Krater!] in dem Käfer wimmeln
- Ein Phönix, der aus der Asche steigt [= Heißes Land, das belebt ist]
- Ein schwarz-weißes Leintuch, dass in einer Mulde ausgelegt wird. [= Der Ngorongorokrater mit den schwarz-weißen Zebras!]

In einer Trance tritt eindeutig die Lebendigkeit und Wesenhaftigkeit, sowie die Vielheit der Zebras in den Vordergrund.

Bei einer Identifikationsübung kann es zu dem eigenartigen Gefühl kommen, in ein Gruppenbewußtsein einzutauchen oder zu gleich an verschiedenen Orten zu sein.

Auflösung der zusätzlichen Fernwahrnehmungsübung

ZAHLENCODE

300102
110008

Zebras im Ngorongorokrater

Dies sind sie nun, die Zebras, die ich als Wahrnehmungsobjekt auf Seite 75 erwähnt hatte.

Je nach Art der Übung, die Sie auf diesen Zahlencode gemacht haben, variieren oft die Aussagen.

Kinästhetische Wahrnehmungen sind z. B.: Wärme, Hitze, Durst, Aggression, Bewegung, Tanzen,...

Akustische Wahrnehmungen können oft sein: Schreien, Bellen, Klopfen, Trommeln, Hufgetrappel,...

Visuelle Wahrnehmungen: Hell-Dunkel, Schwarz-Weiss, Diagonalen, Tiergestalten jeder Art,...